KOWALSKI
EDITORE

giulietta@kowalskieditore.it

Cristiano Militello

GIULIETTA
È 'NA ZOCCOLA

Gli striscioni più esilaranti
degli stadi italiani

Prima edizione gennaio 2004
Quinta edizione aprile 2004

www.kowalski.it

A Mauro
(Ricordo nitidamente che alcuni
di questi striscioni sono l'ultima cosa
che ti ha fatto ridere.)

INTERVISTA A SERSE COSMI

Qual è il suo pensiero sugli ultras e sui "malati" di tifo? Considera solo retorica l'immagine del "dodicesimo uomo in campo" e del "noi vogliamo undici leoni"?

No, non è affatto retorica. L'apporto che danno i tifosi, con la loro presenza e con il loro incitamento, è molto importante.

Quello che succede sugli spalti può influire positivamente o negativamente in campo?

Influisce eccome. Ci sono stadi, ambienti particolari, che alla fine di una stagione si rivelano determinanti e ti portano qualche punto in più in classifica, come i gol di un centravanti o le parate di un portiere. Sento parlare i giocatori, gli allenatori e so che ci sono stadi particolarmente temuti proprio per il calore del pubblico, che incute un certo timore agli avversari.

Come giudica il cosiddetto "calcio moderno" in opposizione a quello che lei ha amato, vissuto, predicato, e che corrisponde alla visione un po' nostalgica di molti calciofili italiani?

Riguardo al calcio moderno, dico che non ci sono soltanto aspetti negativi, ma alcune innovazioni hanno portato beneficio a tutto il movimento. Penso alla possibilità di veder giocare tanti campioni, anche all'estero: ai miei tempi, Pelé potevamo soltanto immaginarcelo quando tiravamo calci al pallone nei cortili e nei campetti di periferia. Adesso è diverso, anche se io penso che parlare di calcio moderno e calcio nostalgico sia una forzatura: esiste il calcio e basta.

È vero però che le televisioni e la paura della violenza sugli spalti tengono lontani molti spettatori dai campi. Se penso a quella trasferta a Torino per Juventus-Perugia, dove eravamo in tremila...

La sua esperienza personale di ultrà le è stata d'aiuto o di incentivo quando si è trovato a guidare proprio la squadra per la quale ha fatto il tifo? Oppure in qualche modo ha potuto limitarla, danneggiarla?

Io ho frequentato per anni la curva dello stadio di Perugia e questo mi ha aiutato a vivere il calcio nel modo giusto. Spesso le curve sono considerate solo luoghi di violenza, invece non è così. Fra gli ultras c'è grande sensibilità per la tecnica e per la giocata di classe, molto più di quanto accada in tribuna. In curva si apprezzano i calciatori che danno tutto in campo e per i giocatori è impossibile bluffare. Ovviamente, questo discorso vale per i tifosi veri, non certo per i teppisti.

Ci racconta di questa esperienza?

È stato mio padre a portarmi a vedere il Perugia fin da quando ero bambino. Andavamo lungo il Tevere armati di coltello e seghetto, a scegliere le canne di bambù con cui facevamo le aste per gli striscioni. Poi tutta la settimana lavoravamo in cantina per inventarci delle frasi spiritose, preparare striscioni e bandiere con nastri di plastica colorata. Mi ricordo che al derby con la Ternana ne portai uno di cui ero molto fiero: "Urban e Traini morte ai cugini". Urban e Traini erano giocatori del Perugia di allora. Ma il più bello l'aveva pensato un mio amico, e diceva "Sbrana Grifo, Sbrana". Ne ero quasi invidioso.

Poi la domenica partivamo in Cinquecento, con le aste degli striscioni che uscivano dal tettuccio apribile, e ci piazzavamo in curva. Eravamo praticamente i primi ultras, in mezzo a tifosi e sportivi in giacca e cravatta.

Anche da allenatore del Pontevecchio e dell'Arezzo sono rimasto un tifoso del Perugia, la tessera dei Drunk Boys ce l'ho ancora, come la maglia numero 6 di Delle Vedove che mi regalò mio padre. Adesso, allo stadio ci porto mio figlio.

C'è stato qualche striscione o un episodio legato al mondo del tifo che l'hanno fatta sorridere o arrabbiare?

Gli striscioni rappresentano qualcosa di particolare. Mi ricordo un Roma-Lazio che vidi all'Olimpico: un'ora prima che iniziasse il derby, le due curve iniziarono a scambiarsi sfottò e a prendersi in giro con un sacco di scritte divertenti. In quei casi, gli striscioni esprimono concetti importanti e incisivi, come quelli raccolti qui.

Chi è in campo li legge? Li commentate a fine partita?

Sì, a me capita sempre. Raramente mi sfugge uno striscione. Anche a Perugia, negli spogliatoi, durante la settimana commentiamo quello che abbiamo letto la domenica allo stadio.

Se decidesse di fare uno striscione adesso, cosa scriverebbe? A chi sarebbe diretto?

Riscriverei quello che preparai per lo spareggio Perugia-Acireale, a Foggia, con la promozione in C1 in palio: "Esasperato dal Grifo e dal sesso". È ancora attuale.

PREFAZIONE

> L'eternità è il lasso di tempo che intercorre tra l'indicazione dei minuti di recupero da parte del quarto uomo e il fischio finale del direttore di gara, quando la tua squadra sta vincendo per uno a zero.

Chi è il malato di calcio? È un individuo, non necessariamente un ultrà, che se proprio un giorno dovrà morire, spera che almeno sia a giugno, tra la fine dei campionati e l'inizio del calciomercato ufficiale...

Il malato di calcio generalmente non ama le pay tv, i superingaggi, le maglie che cambiano ogni anno, il merchandising selvaggio delle società, i tribuni televisivi, i presidenti multi-proprietà, i dirigenti multi-incarico, i potenti e i figli dei potenti. Il malato di calcio è nostalgico degli arbitri vestiti di nero, del "va ora in onda la sintesi registrata di un tempo di una partita di serie A", dell'orario unico di inizio delle partite, dei numeri dall'uno all'undici.

Poi c'è il malato di tifo, che rivendica l'esistenza di

una partita nella partita, giocata dalle due curve. Uno che alla televisione, più che il gioco, guarda ai lati del teleschermo, per intravedere "quanti erano loro" e "quanti eravamo noi". Uno insomma che se gli parli di "hobby" ti potrebbe spellare. La frase più odiata? "In fondo è solo un gioco."

E non vorremo mica tralasciare quelli che credono nella scaramanzia? Gente che ha rischiato di contrarre malattie veneree pur di indossare lo stesso paio di mutande per 34 domeniche, che si è costretta a restare in posture inquietanti, a compiere come automi dei rituali assurdi, a sedersi per l'eternità nello stesso posto: "Non ci credo ma non si sa mai...". Tutto questo in nome del calcio.

Questo è un libro sul calcio che ha scelto come protagonisti proprio loro, anzi *noi*, gli irrecuperabili inghiottiti dal gorgo della passione, posseduti dall'adrenalina da balaustra, i malati, ultras e non, il movimento, la "base": i Tifosi, e il "media" ultrà per eccellenza: lo Striscione.

Ci sono striscioni dei club organizzati tutti nuovi, lucidi e colorati; altri storici, "vissuti" e sbiaditi; vessilli ormai mitici che hanno fatto il giro di tutti gli stadi d'Italia e talvolta d'Europa.

Ma a volte appaiono in curva anche semplici lenzuoli, sorretti da decine di mani o appesi a una balaustra, come dazebao giganti, per "colpire" e poi scomparire. Su questi abbiamo lavorato.

Il tifoso è "opinione pubblica": comunica i suoi messaggi alla squadra del cuore, alle forze dell'ordine, ai tifosi nemici dirimpettai, a uomini politici, e addirittura al paese intero, sperando che qualche telecamera inquadri il suo striscione o che qualche giornalista ne divulghi il testo, facendolo "rimbalzare" anche fuori dal campo di gioco. Nel nostro mondo perennemente agitato da battaglie mediatiche, gli ultras hanno un'arma particolare, che può essere più forte di quelle canoniche, quando vogliono e sanno usarla: l'ironia. Ironia anche graffiante, acida, caustica, irriverente, feroce, sgarbata, scomposta, cattiva, fatta pur sempre di semplici idee e parole scritte su un lenzuolo.

Il libro che avete acquistato (farselo prestare porta sfiga, lo sapevate?), o che state sbirciando in libreria, vuole essere una selezione degli striscioni più graffianti, esilaranti ed efficaci comparsi negli stadi italiani dagli anni ottanta fino al campionato in corso.

Ho scelto circa 500 striscioni significativi di un po' tutte le curve dello stivale, facendoli seguire da una breve nota di spiegazione che possa dare anche al profano la giusta chiave di lettura di questi messaggi.

Voglio insistere sulla "selezione". Ogni cernita non può che essere una ricostruzione incompleta e parziale. Scegliere, scremare e catalogare alcune migliaia di striscioni è stato durissimo, giuro. Poi, che dire? Manca uno striscione ganzissimo realizzato dal vostro gruppo? Ne avete visto uno che vi ha fatto schiattare dal ridere e che qui non c'è? Be', sappiate che non è colpa mia, l'ha tagliato l'editore!*

* L'editore, in compenso, è pronto ad accogliere le vostre segnalazioni all'indirizzo giulietta@kowalskieditore.it, magari per una prossima edizione!... [*Nota dell'Editore*]

Abbiamo deciso di bandire da questo libro certe categorie di striscioni.

Quelli troppo autocelebrativi. Quelli che trattano di fughe, di codardia, di collusione con le forze dell'ordine. Quelli molto politici. Poco spazio ad accuse e controaccuse di infamità, a ricostruzioni di scontri e di furti di vessilli.

Troverete senz'altro messaggi "cattivi", acidi, triviali – sarebbe ridicolo mostrare delle curve popolate solo da simpatici buontemponi – ma resterete a bocca asciutta se cercate in questo libro striscioni razzisti o riferiti all'olocausto, a stragi, a morti tragiche.

Al contrario di certa stampa sportiva che bolla alcuni striscioni come "irriferibili" e poi li riporta per lanciarsi nella reprimenda, abbiamo voluto distinguere tra i messaggi violenti tout court e quelli "violentemente" geniali, dando spazio solo al meglio delle curve: l'ironia in tutti i suoi aspetti, anche feroce e irriguardosa ma sarcastica e intelligente.

Mettere a fuoco questo aspetto delle curve è il mio servizio al movimento dei tifosi. Far vedere che – anche per questo – se noi tifosi non ci fossimo, il calcio non sarebbe più la stessa cosa.

Il grido "No al calcio moderno", che in tutte le categorie, a tutte le latitudini, riecheggia ultimamente, vuol dire in sostanza che i tifosi non si sentono comparse paganti, schiave di abbonamenti, pay tv e gadget, come l'industria del calcio vorrebbe, ma coprotagonisti della liturgia della partita.

Gli striscioni costituiscono un mezzo di comunicazione libero e potente in mano ad autori geograficamente, politicamente e socialmente "trasversali", ma uniti nella forza dissacrante dell'irriverenza e in battaglie comuni.

Chiudo con due degli striscioni esibiti a oltranza in tutte le curve:

UOMO LIBERO? NO TIFOSO

QUESTO CALCIO CI FA SKY-FO

Cristiano Militello

Grazie a Gino & Michele, per avermi accolto in mezzo alle loro scrivanie gemelle, per aver deciso di pubblicare il mio lavoro e per averlo definito "le *formiche* del calcio". Sul treno di ritorno dal nostro incontro ho assistito a un tramonto di nuvole rosa mantecate tipo cielo del Missouri, invece ero in piena pianura padana, e stavo provando una serenità d'animo paragonabile solo a quella di un tifoso del Chievo.

Prima parte

DERBY

Lazio-Roma

ROMA: ALZA GLI OCCHI E GUARDA IL CIELO: L'UNICA COSA PIÙ GRANDE DI TE

Striscione romanista. (Roma-Lazio, Coppa Italia 1984/85)

I laziali rispondono immediatamente:

INFATTI È BIANCAZZURRO!

ILARY E TOTTI: UNA LETTERINA PER UN ANALFABETA

Striscione laziale. Ilary Blasi, una delle "letterine" della trasmissione tv *Passaparola*, è l'attuale fidanzata di Francesco Totti. (Lazio-Roma, 2002/03)

L'UNICO TELEFONINO CHE PRENDE SEMPRE ALLO STADIO? L'ERIKSSON: C'HA SEMPRE QUATTRO TACCHE

CRAGNOTTI NEI GUAI: NON HA DENUNCIATO 11 IMMOBILI

Battute romaniste circolanti dopo il derby di andata 1999/2000 vinto sulla Lazio per 4-1. Sven Goran Eriksson era l'allenatore degli aquilotti, Cragnotti ne era il presidente.

NOI AL CIRCO MASSIMO, VOI MASSIMO AL CIRCO

Scritto su un muro dai tifosi della Roma dopo la vittoria dello scudetto 2001.

TUTTE LE STRADE VE PORTANO A ROMA

Storico striscione romanista. Vecchia storia: nell'immaginario collettivo giallorosso i tifosi della Lazio sono "burini", perlopiù di fuori Roma, e anche se residenti in città, provenienti dal resto della regione. Uno sfottò sempre più usato negli ultimi anni dai giallorossi è dire "Lazie", anziché Lazio, facendo il verso alla ruspante pronuncia regionale. Innumerevoli gli striscioni romanisti dal leitmotiv agreste.

SE L'AEREO COSTA CARO
VAI IN TRASFERTA COL SOMARO

Striscione romanista. (Anni novanta)

VE SE POSSA SECCA'
LU RACCOLTU

Striscione romanista. (Anni novanta)

CO' UN CANTANTE DE CAMPOBASSO,
'NA SPOGLIARELLISTA DE FIANO,
UN PRESIDENTE MARCHIGIANO,
HAI FESTEGGIATO DA NAPOLETANO
E TE VANTI DE ESSE ROMANO?

I laziali rispondono demolendo la presunta romanità di tanti simboli dell'opposta fazione (Venditti, Ferilli, Sensi), smascherandone le origini forestiere, e riferendosi ai prolungati festeggiamenti per lo scudetto 2001. (Lazio-Roma 2001/02)

50 MILIARDI SPESI? TE CREDO, SO' ANNI CHE IL MERCOLEDÌ RISPARMIATE

I romanisti all'andata. La Lazio da molti anni non partecipava alle coppe europee, dunque il mercoledì era spesso per loro un giorno di tutto riposo... (1992/93)

LAZIA', PE' FA LA COPPA COMPRATE ER MAIALE

Sulla carenza di presenze laziali nella coppe europee vedi anche:

UEFA? CON CALLERI L'HAI SOGNATA FINO A IERI... CON CRAGNOTTI TE LA SOGNI TUTTE LE NOTTI

Striscione romanista. Cragnotti aveva sostituito Calleri alla presidenza della Lazio all'inizio della stagione. (Lazio-Roma 1992/93)

DAMMI 3 PUNTI, NON CHIEDERMI NIENTE, DIMMI CHE HAI BISOGNO DI ME, TU SEI SEMPRE MIA, ANCHE QUANDO VADO VIA, C'È SOLO L'A.S. ROMA PER ME

Coro romanista sull'aria di *Tu sei l'unica donna per me* di Alan Sorrenti. (Anni novanta)

ADDIO, LAZIO, QUESTO GOBBO NON PORTA FORTUNA

Striscione romanista. Giorgio Chinaglia, curvo centravanti ed eroe del primo scudetto laziale, all'epoca dei fatti é il primo presidente dei biancazzurri, che, penultimi al momento del derby, retrocederanno da li a poco. (Lazio-Roma 1984/85)

MA COS'È CHE VE FA SENTI' IMPORTANTI ANCHE SE NUN CONTATE UN CAZZO?

Striscione laziale che parafrasa una celebre strofa di *Grazie Roma*, vero e proprio inno giallorosso di Antonello Venditti.

PE' BATTE 'STA LAZIO ABBASTA MEZZAROMA... IN TUTTI I SENSI

Striscione romanista. Roberto Mezzaroma era uno dei soci di Franco Sensi nella A.S. Roma. (Roma-Lazio 1993/94)

NESTALGIA CANAGLIA

I romanisti ricordano ai cugini laziali, storpiando la canzone di Al Bano, la recente perdita della loro bandiera Alessandro Nesta. (Lazio-Roma 2002/03)

PIÙ VELOCI DI BEN JOHNSON!

I romanisti si complimentano coi "cugini" per la velocità... nelle fughe.

ZITTI VOI, DISERTORI DELLA VANGA

Striscione romanista. (Roma-Lazio 1992/93)

S. GENNARO CHE FAI I MIRACOLI PRENDI LA SUD E PORTALA A NAPOLI

Striscione laziale. I laziali si rivolgono spesso ai romanisti chiamandoli "napoletani" (per molti anni le due tifoserie sono state gemellate). (Lazio-Roma 1996/97)

SIETE COME IL DENTIFRICIO: PER... DENTI

I romanisti ai laziali.

IERI ULTRÀ, OGGI AVANZI, DOMANI QUARK

Striscione laziale. Il film *Ultrà* racconta di una trasferta della Roma; *Avanzi* è la trasmissione satirica che aveva fra i suoi personaggi un improbabile opinionista sportivo innamorato dell'attaccante giallorosso Rizzitelli. *Quark* è lo storico programma di Piero Angela sulla natura e sugli animali... (Lazio-Roma 1991/92)

A CIARRAPI'
QUESTI CONTESTANO...
È UNA TIFOSERIA ESIGENTE...
AUMENTAJE LA PAGA!!

Striscione laziale. Giuseppe Ciarrapico era il presidente della Roma. I direttivi delle due curve capitoline si sono spesso reciprocamente accusati di percepire contributi esagerati dalle rispettive società. (Lazio-Roma 1991/92)

I POMODORI NEL VOSTRO DESTINO: OGGI SULLE MAGLIE, IERI IN GIARDINO

Lo sponsor della Lazio in quella stagione era la Cirio. I tifosi della Roma accusano ancora i rivali biancazzurri di essere figli dell'inurbamento dalle campagne laziali, rivendicando per sé la maggioranza dei tifosi di Roma città. Se fino a qualche anno fa questa ripartizione poteva avere un fondamento, dagli anni novanta (che hanno visto entrambe le romane quasi costantemente nei quartieri alti della classifica) anche a Roma città ci sono moltissimi giovani tifosi della Lazio, e viceversa! (Lazio-Roma 1999/2000)

I laziali risposero con:

CIRIO... PURE I PISELLI PE' TU MADRE

PE' NUN FAVVE SENTI' LA NOSTALGIA DE CASA: BEE, OIK, QUA QUA, COCCODÈ

Striscione romanista.

OGGI 'NFROCIATE

Striscione laziale. "Infrociare" in romanesco vuol dire scontrarsi, andare a sbattere. (Lazio-Roma 1992/93)

SALVIAMOLI SONO IN VIA D'ESTINZIONE

Striscione laziale accompagnato dalle immagini di un panda e del lupo stilizzato, simbolo della A.S Roma. Ripreso in modo pressoché identico l'anno seguente dai carrarini contro i massesi. (Lazio-Roma 1994/95)

VOI DE ROMA... VESPASIANI

Striscione laziale. (Stesso incontro)

CORE DE ROMA, CORE DE 'STA CITTÀ, MA 'NDO STAVI 95 ANNI FA?

I laziali sottolineano la differenza tra la spuria genesi giallorossa e quella più antica e unigenita biancazzurra. La Roma, infatti, nasce nel 1927 dalla fusione di tre società, mentre nel gennaio del 1900 una decina di amici fondano la Società Podistica Lazio. (Lazio-Roma 1994/95)

I romanisti troveranno il modo di rispondere così ai rivali (Roma-Lazio 1995/96):

PODISTICA LAZIO 1900: GIÀ NELL'ANTICHITÀ T'ALLENAVI A SCAPPA'

NOI SIGNORI, VOI BURINI

I laziali hanno sempre sostenuto la loro estrazione patrizia e chiamato plebei i giallorossi. Beppe Signori era un attaccante e idolo biancazzurro. (Lazio-Roma 1992/93)

DA 100 ANNI IMMIGRATI A ROMA

Striscione romanista. Nel 2000 la Società Podistica Lazio festeggiava i suoi cento anni di vita. (Lazio-Roma 1999/2000)

VOI CE L'AVETE INSEGNATO L'IMPORTANTE È AVER PARTECIPATO

Striscione laziale. (Lazio-Roma 1994/95)

LIVERPOOL, INTER, TORINO: L'ILLUSIONE DER CRETINO

Nella stessa partita, per amor di rima, i laziali citano tre squadre che in passato hanno battuto la Roma in altrettante finali: Coppa dei Campioni, Coppa Uefa, Coppa Italia.

Più avanti la Sud risponderà con:

CERTE ILLUSIONI: CHI LE VIVE, CHI LE SOGNA

AR DERBY C'HAI UMILIATO A TORINO HAI TRIONFATO LA GERMANIA HAI CONQUISTATO POI PERO' TE SEI SVEJATO

Naturalmente è andato tutto all'opposto. Era solo un sogno, ricordano malevoli i romanisti...

TROVATEVE 'N ARTR' HOBBY

Striscione romanista. (Roma-Lazio 1994/95)

VI SIETE PORTATI LA SABBIA, SIETE ALL'ULTIMA SPIAGGIA

Striscione laziale. (Roma-Lazio 1996/97)

È VENUTO MEJO PINOCCHIO CO' NA SEGA CHE VOI CO' NA SCOPATA

Striscione romanista. (Lazio-Roma 1995/96)

VOI ROMA? SI INCAZZEREBBE ANCHE GIULIO CESARE

Striscione laziale. (Lazio-Roma 1996/97)

UNA SQUADRA DI NEGRI HA REGALATO LO SCUDETTO A QUESTA CITTÀ

È la fiera risposta a un pesantissimo striscione laziale, esposta da tifosi di colore alla festa per lo scudetto giallorosso 2001.

DOPO BIANCHI E TROTTA MANDATE ALTRI PUPAZZI CHE FANNO RIDERE TANTO

Striscione laziale. Carlos Bianchi era un allenatore della Roma, accolto con grandi aspettative, che ottenne invece un clamoroso flop, finendo addirittura licenziato. Trotta era un giocatore che condivise la sorte di Bianchi. La frase allude a un tormentone televisivo dell'epoca, lanciato da Tullio Solenghi e Gene Gnocchi in *Striscia la notizia*, nella parodia albanese del loro programma. (Roma-Lazio 1996/97)

1 SELLA PER 11 SOMARI

Striscione laziale. Ezio Sella era l'allenatore della Roma che subentrò a Bianchi alla 27ª giornata. (Roma-Lazio 1996/97)

VOI 4 SU 4 MANCO COR VIAGRA

FAMOSE 'N GIRO A TERESINA

I laziali non si stancano di rinfacciare ai rivali la mitica stagione precedente, in cui la Lazio ha battuto la Roma nei due derby di campionato e nei due di Coppa Italia, realizzando uno storico *en plein*. La teresina è il poker a carte scoperte. (Lazio-Roma 1998/99)

...SETE COSÌ BRUTTI, CHE MANCO LI SOFFICINI VE SORIDENO...

Striscione romanista rivolto agli Irriducibili in Lazio-Roma 1999/00. In uno spot tv i sofficini sorridevano a chi li tagliava con una forchetta.

TE SEI SCOPERTA LAZIALE, MA SE VINCEVA L'ACIREALE, TU TE SPOGLIAVI UGUALE

I romanisti ad Anna Falchi, che aveva fatto lo strip alla festa per lo scudetto 2000 della Lazio.

PERUZZI-NESTA-NEGRO: CO' 3 PASSAGGI IN PORTA

I romanisti fanno riferimento all'autogol col quale la Roma vinse al 70° la partita di andata. I tre citati sono i difensori della Lazio coinvolti nella dinamica dell'autorete. (Roma-Lazio 2000/01)

LAZIALE MALEDUCATO, LE SPALLE NUN SE DANNO

I romanisti si riferiscono agli scontri in tribuna Tevere. Ovviamente dà le spalle chi scappa... (Roma-Lazio 2002/03)

VOI UNA CURVA UNITA... DA UNA CATENA DI NEGOZI

(Roma-Lazio 2002/03) Il gruppo degli Irriducibili della Lazio è stato spesso accusato di essersi dedicato più al merchandising che all'organizzazione del tifo. Addirittura a Lisbona, nei preliminari di Champions League dell'estate 2003, i laziali si sono trovati dinanzi uno striscione dei tifosi del Benfica che recitava: ULTRA$ LAZIE? NO MERCANTI. Dei romanisti manca solo la firma!

DALLE STALLE A CRACOVIA IL TANFO NON CAMBIA

Striscione romanista. La Lazio aveva appena affrontato in Coppa Uefa una dura trasferta in casa del Wisla. Il terreno di gioco era ghiacciato, e la società polacca lo aveva fatto cospargere di letame, dicendo che avrebbe fatto miracoli... (Roma-Lazio 2002/03)

ROMANISTA TARICONE SEI VENUTO COR GOMMONE

Pietro Taricone, il vero protagonista della prima edizione del *Grande Fratello* che stava per concludersi, è già il "coatto" per eccellenza. (Lazio-Roma 2000/01)

FERILLI NUDA PER LO SCUDETTO? PENSA CHE SCHIFO A 70 ANNI

Striscione laziale. Sabrina Ferilli aveva appena promesso che avrebbe fatto uno spogliarello se la Roma avesse vinto lo scudetto. (2000/01)

Infatti l'anno seguente la Sud verificò e rispose:

FERILLI A 70 ANNI È ANCORA BONA

SE LEGGEMO ER MESSAGGERO, SE LEGGEMO ER MESSAGGERO...

Coro laziale intonato durante la quarta delle quattro sfide vinte contro la Roma nel 1997/98. A risultato acquisito tutta la Nord laziale prese in mano un giornale e cantò la propria assoluta superiorità e tranquillità dinanzi a una Sud insolitamente attonita.

MANCO ZELIG FA RIDE' COME VOI

Striscione romanista. (Roma-Lazio 2003/04)

AI LAZIALI IO RICONOSCO A MALAPENA I DIRITTI CIVILI

Attribuita a Giulio Andreotti, tifoso giallorosso.

Inter-Milan

PIÙ CHE PANZER SIETE STURMTRUPPEN

Striscione milanista. L'Inter in quell'anno dell'ultimo scudetto era "colonizzata" da giocatori tedeschi: Mattheus, Brehme, Klinsmann. *Sturmtruppen* è la parodia a fumetti dell'esercito tedesco di Bonvi. (Milan-Inter 1989/90)

JUVE – 5, INTER NON PERVENUTA

Striscione milanista. A fine stagione l'Inter arriverà a 19 punti di distacco dai cugini. (Milan-Inter 1991/92)

NOI NON PERVENUTI MA IN B MAI VENUTI

Stessa partita: gli interisti rispondono. L'Inter, a differenza del Milan, non è mai retrocessa in serie B (sorte condivisa solo dalla Juventus). Vi chiederete come si possa rispondere, nel corso di una partita, a striscioni esibiti dai rivali pochi minuti prima. Spesso ci sono delle soffiate infrasettimanali, che permettono alla controparte di preparare una replica repentina; altre volte, invece, con un lenzuolo e un po' di vernice, si lavora direttamente in curva.

– 16, UNA PRIMAVERA SEMPRE PIÙ FREDDA

Striscione milanista. (Milan-Inter 1993/94)

B1-B2 PIÙ CHE BRIGATE SEMBRATE LA BATTAGLIA NAVALE

Striscione interista. Per gli interisti, mai retrocessi nella loro storia, le due retrocessioni del Milan sono un argomento sempre valido. (Milan-Inter 1994/95)

B COME BAYERN? B COME BARCELLONA!

Striscione milanista. Continuano gli sberleffi europei: l'anno precedente l'Inter era stata eliminata in Coppa dal

Bayern Monaco, mentre il Milan aveva vinto la Coppa dei Campioni a Barcellona contro la Steaua Bucarest. (Milan-Inter 1989/90)

UNO SPONSOR DI SALUMI... COSA NON SI FA PER UNA COPPA

Striscione milanista. Quell'anno lo sponsor dell'Inter era Fiorucci. (Milan-Inter 1992/93)

NOI REALIZZIAMO I VOSTRI SOGNI

Striscione milanista. (Inter-Milan 2003/04)

NOI BOYS, VOI GAYS

Striscione interista. I Boys sono il principale gruppo ultrà interista. (Milan-Inter 1993/94)

DEL DIAVOLO AVETE SOLO LE CORNA

Striscione interista, stessa partita.

FORMENTINI: DOPO IL LEONKA LA SUD

Striscione interista. Il Leoncavallo è uno storico centro sociale milanese che l'allora sindaco leghista Formentini aveva fatto sgomberare. La Sud per la quale gli interisti si augurano la stessa fine è la curva dei milanisti. (Milan-Inter 1994/95)

ORE 20.30 RAITRE: MI MANDA LUGANO

Striscione milanista. Il Lugano aveva appena eliminato l'Inter dalla Coppa Uefa: chiaro il rimando alla trasmissione *Mi manda Lubrano*. (Inter-Milan 1995-96)

INTER CAMPIONE D'ITALIA: BENVENUTI A SCHERZI A PARTE

Striscione milanista. (Milan-Inter 1995/96)

I VOSTRI STRISCIONI VANNO DI MODA... LI HANNO TUTTI

Striscione milanista, stessa partita. Di recente, infatti, gli juventini avevano sottratto ai nerazzurri i vessilli Viking Irriducibili Inter e Nuova Guardia.

ARRIGO 6-1 MITO

COMPLIMENTI PER DOMENICA, STASERA SECONDO SET!!!

Striscioni interisti. La domenica precedente il Milan di Arrigo Sacchi era stato battuto per 6-1 in casa dalla Juve. (Inter-Milan 1996/97)

BERTI: IL MILAN È QUELLA COSA CHE STA 16 PUNTI SOPRA DI VOI!

Striscione milanista. Il centrocampista dell'Inter, in un'intervista infrasettimanale, aveva dichiarato in tono sbruffone: "Il Milan? Cos'è il Milan?". (Milan-Inter 1993/94)

FINALI: C'È CHI LE COMPRA (MARSIGLIA) CHI LE GIOCA (NOI) E CHI LE SOGNA (VOI)

Striscione milanista, stessa partita. Un anno prima il Milan aveva perso la finale di Coppa dei Campioni contro l'Olimpique Marsiglia.

INTER 1-MBK 0

Striscione milanista. In una partita contro l'Atalanta i tifosi dell'Inter avevano lanciato dagli spalti di San Siro uno scooter MBK. (Inter-Milan 2000/01)

Anche altre tifoserie italiane hanno ironizzato su questo episodio. La domenica seguente i torinisti scrivono: INTERISTA? POVERINO! PICCHIA SOLO IL MOTORINO.

Mentre i bresciani aspettano di incontrare i nerazzurri l'anno seguente per esporre il loro annuncio: AAA CERCASI MOTORINI PER FAR DIVERTIRE INTERISTI BAMBINI.

RONALDO E VIERI SOLO PER PLAYSTATION

Striscione milanista. I due campioni interisti attraversavano una stagione di infortuni. (Inter-Milan 2001/02)

RUI VI COSTA MA NON BASTA

Striscione interista. Il portoghese Rui Costa, alla sua prima stagione rossonera dopo sette anni in maglia viola, sta deludendo le attese. (Milan-Inter 2001/02)

I milanisti, nella partita interna contro l'Atalanta della stessa stagione, avevano affisso:

RUI: BASTA LACRIME VIOLA, ORA SPUTA SANGUE ROSSONERO

NOI MONDIALI IN GIAPPONE VOI AMICHEVOLI IN REGIONE

Striscione milanista. Il Milan ha da qualche mese conquistato la Coppa Intercontinentale a Tokyo. (Milan-Inter 1989/90)

ALL'INTERISTA NON FAR SAPERE QUANTO È BUONO UN DERBY CON 6 PERE

Striscione milanista che segue la tremenda sconfitta dell'Inter per 6-0. (Inter-Milan 2001/02)

MENU AUTOGRILL: CAFFÈ, BRIOCHES E STRISCIONI OMAGGIO

Striscione interista. Si allude a un furto di striscioni in un'area di servizio. Dopo la militarizzazione degli impianti, gli autogrill (dove a volte si incrociano i pullman di tifoserie nemiche) sono diventati un nuovo teatro di scontri. (Inter-Milan 2002/03)

Juventus-Torino

URLATE PIÙ FORTE CHE DA TOKYO NON VI SI SENTE

Striscione juventino. La Juve stava per disputare la finale della Coppa Intercontinentale a Tokyo, che peraltro avrebbe vinto. (Torino-Juventus 1985/86)

SIETE PIÙ BRUTTI DELLA MULTIPLA

Striscione realizzato dai viola contro la Juve (1999/2000), ripreso dai torinisti (Juventus-Torino 2001/02).

GRANATA: RASSERENATEVI

Gli juventini in Torino-Juventus 1985/86. Aldo Serena da Montebelluna è stato l'unico giocatore ad aver indossato la maglia di entrambe le torinesi ed entrambe le milanesi. Allora era appena arrivato alla Juve, dopo essere stato il centravanti granata, e in quella partita segnò il primo dei due gol della vittoria juventina. Soffiandolo ai cugini, la Juve inflisse loro un grande smacco, e i granata salutarono il loro ex giocatore scrivendo eloquentemente:

SERENA PUTTANA
L'HAI FATTO PER LA GRANA

NOI IN CECOSLOVACCHIA,
VOI COL VENARIA

Striscione juventino. I bianconeri rimarcano la differenza fra il proprio mercoledì di Coppa e l'amichevole infrasettimanale dei cugini in provincia. (Torino-Juventus 1992/93)

NOI A ROMA, VOI IN POLTRONA

Striscione torinista. Il Toro ha appena battuto i bianconeri nella semifinale di Coppa Italia, guadagnando il diritto di affrontare la Roma in finale. È l'occasione giusta per rispondere allo striscione esposto nel derby d'andata. (Juventus-Torino 1992/93)

'91 AJAX - '92 DINAMO - '93 DIXAN?

Striscione juventino per i granata. Nel 1991/92 il Toro aveva perso la finale di Coppa Uefa contro l'Ajax; nella stagione successiva era uscito al secondo turno Uefa, eliminato dalla Dinamo Mosca. (Juventus-Torino 1992/93)

SIETE COME I CAPELLI DI CONTE: FINTI

Striscione granata. (Torino-Juventus 2001/02)

A OGNI GOL NEGATO UNO SCUDETTO REGALATO

Striscione granata. (1994/95)

NUOVA FIAT FIGHTERS DA 0 A 100 IN 10"

Striscione granata contro i Fighters, uno dei gruppi storici del tifo juventino. (Torino-Juventus 1999/2000)

IL PROSSIMO DERBY ALLA PROSSIMA ALLUVIONE. MAI PIÙ

Striscione juventino in Juventus-Torino, amichevole a scopo benefico per le città colpite dalla violenta alluvione del 2000. Il Torino è in serie B.

ROMERO, LA CITTÀ VUOL SAPERE: MA CHI È IL TUO PARRUCCHIERE

Striscione juventino. Romero è lo scapigliatissimo presidente del Toro. (Juventus-Torino, 2001/02)

Genoa-Sampdoria

POTEVATE STUPIRCI CON UN TIFO SPECIALE, MA VOI SIETE SENZA E NOI FANTASCIENZA

I genoani fanno il verso alla pubblicità. (Genoa-Sampdoria 1989/90)

IN B PER FARVI IL CULO

Appena retrocessi, i tifosi doriani guardano il "bicchiere mezzo pieno": nella serie cadetta potranno affrontare in derby i rivali genoani. (1999/2000)

11/10/99 NOI RUBINETTI IN CAMPO, VOI CESSI SUGLI SPALTI

I tifosi doriani, effettuando un lancio di oggetti in campo

– tra cui anche i rubinetti dei bagni della propria curva – avevano causato la sospensione della partita di Coppa Italia contro il Bologna. (Genoa-Sampdoria 1999/2000)

DAVANTI A NOI? SOLO COSÌ!

Striscione doriano. Sottintende la possibilità di trovarsi davanti i genoani solamente allo stadio da una curva all'altra e non, ad esempio, in classifica e/o per eventuali scontri. (Genoa-Sampdoria 1999/2000)

FINALMENTE IN TRASFERTA

Striscione genoano nella stessa partita: si sfottono i rivali, che essendo "ospiti" in quel derby, finalmente possono – a detta genoana – vantare un buon numero di tifosi in trasferta.

1995-1999 INVECCHIATO MALE

Striscione doriano nello stesso derby. Dal 1995, anno della retrocessione in B, il Genoa non è più riuscito a risalire in A. Sopra lo striscione c'è un drappo dove il Genoa è raffigurato come una bottiglia di whisky.

Livorno-Pisa

Uno dei primi striscioni di cui si abbia memoria rappresenta una Triglia livornese che dice VENGO ANCH'IO e la Torre che risponde NO, TU NO (striscione del Pisa, nell'anno della promozione in serie A, 1968).

L'anno seguente (dopo la partita persa dal Pisa a Napoli che ne sanciva, dopo appena un anno, il ritorno in B) i livornesi replicarono con:

VEDI NAPOLI E POI MUORI

COMO ESTAS?

Lo striscione pisano affonda il coltello in una piaga recente: qualche mese prima il Livorno era stato eliminato dal Como nella finale play off per l'accesso alla serie B. (Livorno-Pisa 2001/02)

SEI UN PISANO, TE NE RENDI CONTO?

Scritta su un muro a Livorno.

SCHIAVI DI MAMMA FRANCA

Striscione pisano. Mamma Franca, con "Roberta Pelle", è stata un'antesignana delle televendite. Livornese doc, look trash, ha venduto pellicce a generazioni di toscani e regalato "perle" che avrebbero fatto la fortuna della Gialappa's: "Un saluto agli amici del Friuli, della Venezia e anche della Giulia!". Ai clienti più affezionati prometteva anche "un bel cacciucchino". (Pisa-Livorno 1999/2000)

NOI AI PLAYOFF, VOI ALLA PLAYSTATION

Il Pisa in quel momento andava bene e ambiva a un posto nei play off, a differenza del Livorno, che stava in bassa classifica. (Livorno-Pisa 1999/2000)

LIVORNO, SEI STATO NOMINATO

Striscione pisano. Effetti del *Grande Fratello*. (Livorno-Pisa 2000/01)

SIETE PISANI. VI SI BATTE LE MANI MA... NELLA GHIGNA

Striscione livornese. La "ghigna" è la faccia e all'epoca era da poco uscito un volume sulla storia del tifo a Pisa dal titolo: *Siamo pisani, batteteci le mani*... (Pisa-Livorno 2000/01)

LIVORNESI: 4 MORI, IL RESTO BIONDI TINTI!

I Quattro Mori sono il principale monumento di Livorno. I pisani appioppano ai livornesi lo stereotipo dell'uomo di mare, sempre abbronzato, biondo, in canottiera e zoccoli. (Livorno-Pisa 1999/2000)

Vedi anche:

MA QUALI STALINISTI: SOLO BAGNINI E SURFISTI

dove gli ultras pisani (anche loro di sinistra!) ironizzano sull'estremismo politico dei cugini sottolineandone invece l'attitudine marina. (Livorno-Pisa 2001/02)

DOPING E PASSAPORTI FALSI TOLLERATI E GLI ULTRAS CONDANNATI

I tifosi livornesi contestano l'impunità per molte vicende giudiziarie di calciatori e dirigenti, e l'accanimento nei confronti degli ultras coinvolti in scontri. (Livorno-Pisa 2001/02)

SIETE COME I JALISSE

I pisani consideravano le minacce dei cugini solo "Fiumi di parole" in Pisa-Livorno 1996/97, incontro che vedeva i labronici tornare a Pisa in una gara di campionato dopo 18 anni di assenza.

A distanza di anni i livornesi rispondono:

NOI COME I JALISSE??... VOI CUGINI DI CAMPAGNA

GERBI CI ROVINA MA SAN RANIERI VI INCULA

Striscione pisano. Enrico Gerbi era il presidente del Pisa (i labronici, nei match della stagione precedente, avevano cantato "Gerbi, rovinali"). A fine stagione il Livorno disputò la finale play off per la promozione in serie B il 17 giugno, giorno intitolato a San Ranieri, patrono di Pisa. Forse fu per la sua intercessione che perse la finale... (Pisa-Livorno 2001/02)

VESCOVO, SCHIACCIALI TUTTI

Striscione livornese. La settimana precedente l'arcivescovo di Livorno aveva investito una donna. (Livorno-Pisa 2000/01)

LIVORNESI RIPESCATI COME I MUGGINI

Scritta su un muro a Pisa. Per due volte il Livorno è stato "ripescato" e riammesso in categorie sportive superiori.

POLPETTE AVVELENATE A GUNTHER

Scritta su un muro a Livorno. Il pastore tedesco Gunther IV è l'attuale presidente onorario del Pisa.

Altri derby

AAA CERCASI DEGNO RIVALE PER VERO DERBY

Striscione civitanovese. (Civitanovese-Maceratese 1995/96)

VOI DELL'ALTRA SPONDA: RICCHIONI!

Striscione lecchese. (Lecco-Como 1999/2000)

QUANDO I MUSSI I VOLERÀ FAREMO EL DERBY IN SERIE A

I tifosi dell'Hellas Verona contro i cugini "poveri" del Chievo. I "mussi" sono gli asini. Il derby in serie A c'è stato eccome, e adesso il Chievo è in A e l'Hellas in B... (Derby del 1995/96 in serie B)

SE VOI SIETE LA STORIA, MEGLIO PERDER LA MEMORIA

Striscione del Chievo contro i tifosi dell'Hellas che, un po' snob verso i rivali, hanno sempre sostenuto di aver fatto la storia del calcio a Verona. (Chievo-Hellas Verona 2001/02)

OCIO AL GATO SPONGIFORME

Striscione veronese per i rivali vicentini, ai quali la tradizione popolare ha affibbiato il nomignolo di "magnagati". (Verona-Vicenza 2000/01)

LA SCORTA: TI ALLUNGA LA VITA

I salernitani contro l'Avellino. (1995/96)

VI INVIDIAMO IL PANORAMA

Striscione messinese. (Messina-Reggina 2001/02)

CE RODE LU CULO

I ternani a Perugia. La prima fila di tifosi ternani si abbassò i calzoni. (Coppa Italia 1999/2000)

NOI CHE GUEVARA VOI CHE MERDE

Striscione anconetano. (Ascoli-Ancona 1994/95)

TUA MADRE È L'ANGELO DEL FOCOLARE AL KM 5 DELLA STATALE

Striscione salernitano. (Salernitana-Napoli 2001/02)

GUIDOLIN, UNO DI NOI

Striscione modenese. La domenica precedente Francesco Guidolin, allenatore del Bologna, era stato beccato dalle telecamere mentre urlava verso la tribuna della sua squadra "Città di merda". (Modena-Bologna 2002/03)

I' PALIO FA CAARE

Indovinate di chi è lo striscione? (Empoli-Siena 2000/01)

SALUTIAMO LA 3ª SQUADRA DI FIRENZE

Per offendere i rivali, i senesi non esitano a considerare Empoli un sobborgo di Firenze, che oltre alla Fiorentina ha anche la Rondinella. (Empoli-Siena 2001/02)

GLI ANNI PASSANO MA IL DUBBIO RESTA: CU SPACCHIU SITI?

Striscione catanese. Traduzione: "Chi cazzo siete?". Nel corso degli anni novanta il fallimento del Catania ha fatto vivere un periodo di gloria all'Atletico Catania, secondo club calcistico della città, fuso con la squadra della vicina Lentini, l'Atletico Leonzio, che nel 1992/93 aveva raggiunto la serie C1. L'Atletico Catania tentò di proporsi come prima squadra etnea, potendo già contare sulla presenza in C, ma i tifosi hanno sempre sperato che si ricostituisse "il" Catania. (Catania-Atletico Catania 1999/2000)

FORTITUDO MEA IN... FUGA

I massesi deformano il motto carrarese "*Fortitudo mea in rota*". (Massese-Carrarese 1992/93)

PROVINCIA DI FERMO: ANNETTERE ASCOLI

I padroni di casa ribaltano la geografia. (Fermana-Ascoli 2001/02)

IERI... WEMBLEY, DOMANI... PENNE

Striscione dei tifosi anconetani rivolto ai bianconeri. L'Ascoli aveva disputato nello storico stadio londinese di Wembley la finale del torneo angloitaliano; i tifosi dell'Ancona auspicano per i rivali un declino immediato e una prossima trasferta a Penne, piccolo paese abruzzese. (Ancona-Ascoli 1994/95)

VIENI AVANTI... CHIETINO

Striscione pescarese. (Chieti-Pescara 2001/02)

ANCONA, PIÙ SPENDI PIÙ NEL CULO LO PRENDI

I fanesi deridono l'Anconitana, che tutti gli anni allestiva squadroni ma che raccoglieva solo sconfitte tutte le volte che si presentava allo stadio di Fano.

PARLI ROMANO GRIDI LITTORIA QUANDO IL TUO POPOLO NON CONOSCE STORIA

Striscione frusinate. I ciociari ironizzano sui recenti natali della città di Latina, fondata in periodo fascista. (Latina-Frosinone 2002/03)

08-10... BRR CHE FREDDO SENZA VETRI

Nella partita di andata gli ultras del Ravenna devono aver rotto i vetri del pullman dei tifosi del Carpi. (Carpi-Ravenna 1995/96).

PRATESE PIÙ VELOCE DI PATRESE

I pistoiesi ai pratesi. Riccardo Patrese è un ex pilota di Formula 1.

DOVE ERAVAMO? NOI DA NAPOLI A MILANO VOI DA TOLLO A CELANO

I pescaresi rivendicano il loro nobile passato calcistico. (Pescara-Chieti 2001/02)

FOLZA PLATO

Striscione viola. A Prato vive una grossa comunità cinese (Florentia Viola-Prato, Coppa Italia 2002/03)

SALERNO È REALTÀ NAPOLI È COMMEDIA

Striscione salernitano. (Salernitana-Napoli 1999/2000)

CUCÙ... MA NON DOVEVAMO VEDERCI PIÙ

I salernitani dopo la retrocessione del Napoli. (Salernitana-Napoli 2001/02)

PERCHÉ DOPO 3 MESI? ZAMPOGNARI E ZINGARELLI ARRIVANO A NATALE!

Striscione salernitano. (Salernitana-Avellino 1995/96, disputata il 10 marzo)

ORRICO HAI PREPARATO LA GABBIA? METTICI LI PECURI

Striscione salernitano. Corrado Orrico, trainer degli irpini, faceva allenare le proprie squadre in una gabbia appositamente preparata. (Avellino-Salernitana 1995/96)

SIAMO TIFOSI ROSSOBLÙ, MA IN QUESTI ANNI NE ABBIAMO FATTE DI TUTTI I COLORI

I tifosi di Sassari nel quindicesimo anniversario della nascita del gruppo ultrà Indians. (Torres-Olbia 1997)

1926 A.C. FIORENTINA 2002 R†POSA IN PACE!

Agosto 2002: l'A.C. Fiorentina fallisce, si costituisce con l'imprenditore Della Valle a tempo di record la Florentia Viola, iscritta al campionato C2. Il primo incontro ufficiale della "nuova" Fiorentina è il derby di Coppa Italia di serie C contro l'odiato Pisa, che militando in C1 può – una volta tanto – guardare il capoluogo dall'alto in basso.

...come? ...cosa? Ruben Sosa! (Due aste laziale)

50 miliardi spesi? Te credo, so' anni che il mercoledì risparmiate (Roma-Lazio 1992-93)

Prevedo pareggio (Andria-Bari 1992/93)

Berti: il Milan è quella cosa che sta 16 punti sopra di voi! (Milan-Inter 1993/94)

Uno *di noi, mille di voi* (Perugia-Siena 1993/94)

91 Ajax-92 Dinamo-93 Dixan? (Juventus-Torino 1992/93)

Non ci somigliate per niente (Fiorentina-Palermo 1993/94)

Dio non salvi la Reggina! (Cosenza-Reggina 1995/96)

Stamo quasi nel 2000 e c'hai er somaro'n doppia fila! (Striscione romanista 1994/95)

Vi serve una moneta? (Cagliari-Napoli 1990/91)

Ambarabàcicicocò... lo Spezia sul Comò (Spezia-Como 2000/01)

Colomba, caccia le "ali"! (Pistoiese-Salernitana 1995/96)

Noi a Parigi in aeroplano voi con l'ATM ad Appiano (Juventus-Inter 1992/93)

Sempre co-maschi? (Como-Fiorentina)

Complimenti per domenica, stasera secondo set
(Inter-Milan 1996/97)

1926 A.C. Fiorentina 2002 riposa in pace
(Florentia viola-Pisa 2002/03)

LA VOSTRA PRESUNZIONE VI PORTERÀ IN PROMOZIONE

Striscione pisano rivolto ai fiorentini. La "promozione", a dispetto del nome, è una delle categorie più basse del calcio agonistico. (Florentia Viola-Pisa 2002/03)

NON SIETE TANTI, SIETE TUTTI

I senesi rinfacciano agli empolesi di non essere proprio numerosi...

CHI NON MUORE SI RIPESCA

Il Vittoria era stato ripescato nel Campionato Nazionale Dilettanti. (Ragusa-Vittoria 2003/04)

DIO NON SALVI LA REGGINA!

Striscione cosentino. (Cosenza-Reggina 1995/96)

DATEVI ALL'ITTICA

Striscione teatino. (Pescara-Chieti 2002/03)

INTERISTA SEI COME LA FORFORA: STAI IN TESTA MA FAI SCHIFO

I comaschi nell'anno dello scudetto nerazzurro 1988/89.

ACEDDU 'NTA IAGGIA NON CANTA P'AMURI MA PI' RAGGIA

I tifosi catanesi rispolverano un antico proverbio ("L'uccello in gabbia non canta per amore ma per rabbia") riferendosi all'aquila, simbolo del Palermo, e alla "gabbia" del settore ospiti. (Catania-Palermo 2002/03)

Seconda parte

PERSONALI

L'UOMO DISCENDE DA GATTUSO

Striscione laziale d'ispirazione darwiniana. Gennaro "Ringhio" Gattuso, impetuoso mediano del Milan e della Nazionale, non è propriamente un adone. (Milan-Lazio 2002/03)

A' RENATO, RIDACCE COCHI

Striscione romanista del 1986 rivolto al proprio giocatore brasiliano Renato, ala più esuberante a letto che sulla fascia. Si riferisce a Cochi Ponzoni e Renato Pozzetto, storico duo comico milanese.

BERTI, ABBASSA GLI OCCHI... NON SEI DEGNO DI GUARDARE LA FIESOLE

Striscione viola che accolse Nicola Berti – già giocatore della Fiorentina – quando tornò a Firenze con la maglia dell'Inter. La curva Fiesole è appunto il cuore del tifo viola. (Fiorentina-Inter 1988/89)

RANIERI, FACCI L'ULTIMA MAGIA: SPARISCI!

Striscione dei tifosi viola contro l'allenatore Claudio Ranieri. È il 1996/97, l'ultima stagione in viola per l'allenatore romano.

EDMUNDO ERA GRULLO, MA SI VINCEVA!

I tifosi viola rimpiangono a modo loro il brasiliano Edmundo, detto "o animal", espulso, arrestato, scappato 15 giorni in Brasile per il carnevale... ma fortissimo in campo. (Reggina-Fiorentina 1999/2000)

RESTITUITELE BARROS, BIANCANEVE È DISPERATA

Striscione viola ironico nei confronti del calciatore portoghese Rui Barros – militante nella Juventus verso la fine degli anni ottanta – alto solo un metro e sessanta. (Fiorentina-Juventus 1989/90)

COME STANNO 'STI GOBBI OGGI? MOGGI MOGGI

Striscione laziale. Moggi è il general manager della Juventus, a cui la Lazio aveva appena soffiato lo scudetto. (Inter-Lazio, Coppa Italia 1999/2000)

CON RADICE UN ALTRO FIASCO

Striscione viola. Nonostante l'ottima posizione della squadra in classifica, i tifosi in quella stagione prendono di punta l'allenatore Gigi Radice accusandolo, tra le altre cose, di alzare troppo il gomito. Radice verrà cacciato a gennaio e per la Fiorentina inizierà un declino che al termine del campionato la porterà alla retrocessione in B. (Cagliari-Fiorentina 1991/92)

47 MOGGI CHE PARLA

Scritta su un muro a Roma.

VOI CENTOFANTI, NOI CENTOTRE BATIGOL

Striscione viola. Felice Centofanti era lo zazzeruto terzino dell'Inter e Batistuta aveva appena raggiunto i centotré gol in maglia viola. (Fiorentina-Inter 1995/96)

CEPU: RIMBORSATE DEL PIERO

Striscione interista contro l'asso bianconero, già testimonial del noto istituto di assistenza didattica per studenti universitari. (Inter-Juventus 1999/2000)

PAOLO AL 90° LO ABBIAMO SAPUTO, VIOLA CON CLASSE E DIGNITÀ

I tifosi viola ricordano Paolo Valenti, storico conduttore di *90° minuto*, che in tanti anni di carriera non aveva mai fatto trasparire la sua fede viola.

ARRIGO, LO STRESS
È UN MILIONE E MEZZO AL MESE

Striscione dei supporter bolognesi rivolto ad Arrigo Sacchi, che pochi giorni prima aveva rassegnato le dimissioni da allenatore del Parma adducendo come motivazione lo stress. (2000/01)

HECTOR GRAZIE DI TUTTO

Striscione milanista, all'indomani dell'esonero di Hector Cuper. (Milan-Lazio 2003/04)

LUIS SILVIO C'È

Scritta su un muro a Pistoia. Tra i calciatori che giungono in Italia dopo la riapertura delle frontiere, nel 1981, ci sono anche dei casi imbarazzanti: il brasiliano Luis Silvio, ad esempio, dipinto come un fenomeno, si rivelò invece un bidone. Divenne una sorta di oggetto misterioso, tanto che qualcuno cominciò a dubitare della sua stessa esistenza.

JURGEN IS GOD

Gli interisti venerano il loro attaccante tedesco Jurgen Klinsmann nella stagione dello scudetto 1989.

DIO C'È E HA IL CODINO

Striscione dei bresciani per il loro idolo Roberto Baggio. (Brescia-Bologna 2001/02)

CIARRAPICO: DAL PRINCIPE GIANNINI A REGINA COELI

Striscione milanista. Giuseppe Ciarrapico, presidente della Roma, detto il "Re delle acque minerali", è stato rinviato a giudizio per una molteplicità di reati. Giuseppe Giannini, bandiera della Roma, è chiamato "er principe". (Milan-Roma, Coppa Italia 1992/93)

COLOMBA, CACCIA LE "ALI"!

Striscione dei tifosi salernitani rivolto al proprio tecnico Franco Colomba. "Cacciare" in questo caso vuol dire "mostrare, tirare fuori". (Pistoiese-Salernitana 1995/96)

ZAMPA LA VOCE, VENDITTI PLAYBACK

Striscione romanista. Carletto Zampa è lo speaker dell'Olimpico, di fede giallorossa. Se Zampa usa la voce per annunciare fragorosamente la formazione, scandendo i nomi dei calciatori e lasciando al boato unisono dello stadio il compito di gridarne i cognomi, Venditti era stato sospettato di aver usato la festa scudetto 2001 per la promozione del suo disco. (Roma-Atalanta 2001/02)

CRESPO NON SI TOCCA, IO INVECE SÌ

Striscione dei tifosi interisti in amichevole a Lucca, 2003. Variante onanista di un grande classico delle curve contro la vendita dei loro beniamini.

GALEO' FACCE ENTRA'

Striscione e coreografia del gruppo Ingrifati Perugia. La coreografia mostrava una gigantesca maglia numero 12. Giovanni Galeone era l'allenatore del Perugia. (1995/96)

TOMBA, SEI COME LA NEVE, PIÙ CADI E PIÙ SIAMO FELICI

Striscione bresciano contro il noto campione di sci, originario di Bologna.

VENI VIDI VISSO

Striscione romanista che adatta il famoso motto cesareo all'attuale presidente del sodalizio giallorosso, Franco Sensi, che è nato a Visso (MC).

BASTA BOMBE IN SERBIA, TUTTE SU TOCCAFONDI

Striscione pratese contro il proprio presidente. (Pisa-Prato 1998/99)

ALLA FERILLI PIACE DALLA

Striscione laziale. La Ferilli ha davvero lavorato con Dalla nello show *La bella e la bestia*. (Derby 2001/02)

I VOSTRI AVI DOMINARONO I MARI, VOI NAUFRAGATE SUL SOLITO SCOGLIO

Striscione modenese contro lo storico allenatore dei rossoblù Franco Scoglio. (Modena-Genoa 2001/02)

ABBIAMO GODUTO DA MATTI. GRAZIE AGNELLI, GRAZIE MORATTI

Striscione milanista. Nel giro di una settimana la Juve aveva perso la finale di Champions League col Borussia Dortmund e l'Inter la finale Uefa con lo Schalke 04. (Milan-Cagliari 1996/97)

ABBASSO I BEATLES, W LANDO FIORINI

(Roma-Liverpool, Champions League 2001/02)

RONALDO SEGNA E POI PARLA, MOGGI RUBA E STA ZITTO

Striscione interista. (Inter-Juventus 1998/99)

AGNELLI, NON FARE IL FURBO: VENDI LA JUVE NON GLI OPERAI

Striscione romanista. (Roma-Juventus 2002/03)

AVE CESARI, CHIEVO TE SALUTANT

Striscione dei tifosi del Chievo contro l'arbitro Cesari, accusato di averli sfavoriti la domenica precedente. (Chievo-Bologna 2001/02)

BUSH, CÒMPRATE ER RISIKO

Striscione romanista, alla vigilia della guerra in Iraq. (Roma-Brescia 2002/03)

CARRARO, SEI DI MARMO

Striscione pisano contro il presidente federale Franco Carraro. (Pisa-Spal 2003/04)

Mi consenta

È PIÙ FACILE VEDER GALLIANI CON LA PERMANENTE CHE VEDER SPENDERE IL PRESIDENTE

Striscione milanista rivolto alla propria dirigenza. Galliani era (ed è) l'amministratore delegato della società. Il presidente... è il Presidente. (Milan-Fiorentina, Coppa Italia 2000/01)

SE PACCIANI È IL MOSTRO, BERLUSCONI COS'È?

Striscione viola. (Milan-Fiorentina 1994/95)

FININVEST SANGUISUGHE

Striscione milanista di contestazione. (Milan-Bari 1990/91)

ANCHE I RICCHI RUBANO

Emblematico striscione genoano. (Milan-Genoa 1989/90)

AIUTARE CHI È RIMASTO INDIETRO? PRESIDENTE, AIUTI IL MILAN

UN IMPEGNO CONCRETO: INVESTIRE NEL MILAN

Striscioni polemici dei tifosi milanisti che parafrasano celebri slogan elettorali del Cavaliere. (Milan-Leeds 2000/01)

UNITI CONTRO IL 41BIS, BERLUSCONI DIMENTICA LA SICILIA

Inquietante striscione dei tifosi del Palermo. L'articolo 41bis è la disposizione che prevede la revoca dei benefici e il carcere duro per i mafiosi. Non si è mai capito se i palermitani abbiano voluto rivolgere a Berlusconi un consiglio o una recriminazione. La procura di Palermo optò per il "chiaro segnale mafioso". L'inchiesta non ebbe esiti. (Palermo-Ascoli 2002/03)

Vittorio Cecchi Gori

CECCHI GORI, VERREMO TUTTI AL CINEMA

Striscione viola. A Firenze c'erano ancora gli odiati Pontello e il produttore cinematografico Mario Cecchi Gori era in lizza per la presidenza dei gigliati. I tifosi viola promettono, in cambio di un subentro repentino, gratitudine al botteghino. (Sampdoria-Fiorentina 1989/90)

ANCHE QUEST'ANNO NIENTE È CAMBIATO GRAZIE AL DEMENTE LAUREATO

I tempi cambiano. Mario è scomparso e comincia a diradarsi il consenso attorno al figlio Vittorio, che in una storica sfuriata telefonica al *Processo del lunedì* aveva sottolineato il suo status di laureato. (Fiorentina-Venezia, ultima di campionato 1999/2000)

VITTORIO, VENDICI LUNA E COMPRACI LE STELLE

Striscione viola. Luciano Luna era in quel periodo l'amministratore delegato della società. (Fiorentina-Venezia 1999/2000)

NELL'OVO DI CIOCCOLATO: UN PULCINO COTONATO

(Fiorentina-Lecce 2000/01, disputata alla vigilia di Pasqua)

SENATORE SÌ... MA PAOLA!!!

Striscione fiorentino contro Cecchi Gori, che il suo entourage chiama spesso "il senatore". Gli ultras viola rivendicano la conoscenza di un'altra "senatrice", la pornostar Paola! (Fiorentina-Brescia, Coppa Italia 2000/01)

VITTORIO, SEI COME L'URANIO... IMPOVERITO

(Vicenza-Fiorentina 2000/01)

DOPO LUNA... L'ECLISSI... FALLITI

Striscione comasco che prende di mira l'amministratore delegato della Fiorentina Luciano Luna. (Como-Fiorentina, Coppa Italia 2001/02)

GUITTORIO VATTENE

Striscione presente al corteo anti-Cecchi Gori tenutosi nell'aprile 2002 per le strade di Firenze. "Guitto" in toscano è un uomo meschino o un attore di infimo ordine.

VITTORIO AHRARARA

(Fiorentina-Bologna 2000/01)

CON CECCHI GORI C'È CHI GODE

DELLA VALLE VI FA LE SCARPE, VITTORIO VI FA LA SÒLA

Striscioni pisani dopo il fallimento dell'A.C. Fiorentina. (Florentia Viola-Pisa, Coppa Italia 2002/03)

Me lo incarta?

Nell'estate 2001, tifosi e cittadini fiorentini scelsero una forma singolare per contestare Vittorio Cecchi Gori: incartare con drappi di protesta lo stadio Franchi. Poco tempo prima le forze dell'ordine avevano trovato nella casa romana del presidente viola della cocaina e... la soubrette Valeria Marini.

Per giorni e giorni sportivi e curiosi hanno fatto il giro dell'impianto per leggere gli oltre cento striscioni attaccati. Ne riportiamo alcuni.

QUESTO STRISCIONE
È DA LEGGERE
NON DA TIRARE

CENTRO SPORTIVO SÌ, MA A MEDELLIN

Tra i tanti progetti di Cecchi Gori c'era quello di costruire un centro sportivo a Firenze. Medellín è la città della Colombia nota per il cartello della cocaina.

PER COLPA DI UN GIULLARE FIRENZE HA PERSO I SUOI RE

Negli ultimi due anni Cecchi Gori aveva venduto i gioielli Toldo, Batistuta e Rui Costa.

VITTORIO A CASA C'HAI LA COCA? NO CUCINA MI MÀ

"Vittorio, a casa hai la cuoca? No, cucina mia madre."

MARIO, MA UNA SEGA UNN'ERA MEGLIO?

Mario era il padre di Vittorio.

MENU: RISOTTO ALLO ZAFFERANO INGREDIENTI X 2: RISO 100 G, COCAINA 9 G

Nella sua autodifesa Cecchi Gori ha sempre smentito il ritrovamento in casa di cocaina, sostenendo che si trattava di zafferano.

MA QUALE DROGA? STAVO SOLO IMPANANDO LE BRACIOLINE

TI ODIO PIÙ DI BETTEGA

Bettega è un dirigente e un ex giocatore della Juventus, la squadra più odiata a Firenze.

DISSE LA MOSCA AL RAGNO: DOV'È VITTORIO 'UN C'È GUADAGNO

HA LETTO CON LA MARINI NUDA.
FINE. CECHI GORI VERGONIATI,
CHE DIREBBE MARIONE
SE TI VEDESTI

La scritta conteneva davvero tutti questi strafalcioni. Da Oscar il commento aggiunto a lapis: MA CHI TE LA DÀ LA ROBA? VITTORIO?

C'È CHI PIPPA E CECCHI GORI

MARINI COME LE CANNE:
FALLA GIRARE

AFFITTASI O VENDESI:
CURVA FIESOLE COMPLETA
DI TIFOSI / CILIEGINE /
GIOCATORI COMPLETI
DI MAGLIETTE / QUESTI
STRISCIONI / MAMMA
DA RISTRUTTURARE
VERO AFFARE, RIVOLGERSI
CECCHI GORI

PRIMA BATI RUI EDMUNDO
E IL CALCIO SAMBA
ORA LA SERIE B
E IL CALCIO BAMBA

Batistuta, Rui Costa ed Edmundo: tre campioni viola; bamba: gergale, sinonimo di cocaina.

BASTA CON IL LINCIAGGIO
MORALE, SOLO LINCIAGGIO

VITTORIO AL CONCORSO DE'
GRULLI TU ARRIVI PRIMO
MA TI SQUALIFICANO PER DOPING

GAME OVER INSERT COIN

Scritta che appare sui videogame al termine delle partite. Traduzione: "Il gioco è finito inserire una nuova moneta".

PRIMA STRALUNATI, POI SCONCERTATI, ADESSO SIAMO TUTTI UN PO' STANKOVIC

Triplice gioco di parole: Luna è lo storico braccio destro di Cecchi Gori nel cinema e nella Fiorentina; Mario Sconcerti, giornalista, fu per un breve periodo l'amministratore delegato della Fiorentina; Dejan Stankovic è un calciatore della Lazio, che proprio in quei giorni era in trattative con la Fiorentina.

HO VISTO VITTORIO ALLE CASCINE COMPRASSI LE BUSTINE

Il Parco delle Cascine di Firenze è frequentato da spacciatori.

OH VITTORIO, BENIGNI SCHERZAVA QUANDO DICEVA CHE LL'ERA PER IL DIABETE

Nel film di Benigni, lo "zio" di Johnny Stecchino fa credere a Dante che la cocaina sia una medicina.

LA FIORENTINA IL TUO GIOCATTOLO INFATTI IL PROSSIMO CAMPIONATO COI GIOCATORI DEL SUBBUTEO. FAI FESTA NON FESTINI

"Fare festa" in questo caso significa "smettere".

VITTORIO FATTI VEDERE, MA DA UNO BRAVO

DA VITTORIO A SCONFITTO

VITTORIO, DIVORZIA DA NOI, 'UN SI VÒLE NEMMENO L'ALIMENTI

DASPATE SCONCERTI

Daspo è l'acronimo che indica il provvedimento col quale la magistratura dispone il divieto di accedere allo stadio per i tifosi violenti. Mario Sconcerti: vedi sopra.

TELEFONATA DEL CAMERIERE
DI CASA CECCHI GORI
AL PRESIDENTE VITTORIO
INTERCETTATA DALLA DIGOS:
"PRESIDENTE, STASERA VIENE A
CENA IL CONTE MASCETTI
PER COMPRARE LA FIORENTINA,
IN FRIGO C'È SOLO UN PO'
DI LESSO, MA NON CI FANNO PIÙ
CREDITO, SE NON VENDE UN PAIO
DI RAGAZZI DELLA PRIMAVERA
NON C'È PIÙ VERSO NEANCHE
DI METTERE A FARE UN PO'
DI BRODO COL DADO. ORA
IO DEVO USCIRE UN ATTIMO,
LE CHIAVI DELLA CASSAFORTE
SONO NEL CASSETTO
DELLE CAMBIALI, QUELLO
ACCANTO AL CASSETTO DEGLI
ASSEGNI SCOPERTI"

Il conte Lello Mascetti è lo spiantatissimo personaggio interpretato da Ugo Tognazzi in *Amici miei*.

RAPIAMO LA VECCHIA

E ORA CHI GLIELO DICE ALLA MAMMA

La leggenda metropolitana vuole che Cecchi Gori fosse succube della madre.

DOPO BATI CON LA SCIARPA DELLA ROMA, RUI CON LA SCIARPA DEL MILAN, 'UN CI RESTA CHE VEDERE I'DAVID CON QUELLA DELLA JUVE, SARESTI CAPACE ANCHE DI QUESTO

Si allude ovviamente al *David* di Michelangelo...

VENDI LA FIORENTINA E COMPRA I'POLLO

Parte terza

VARIE

NUN SAPETE CHE VI SIETE PERSI

Scritta spray sul muro del cimitero di Napoli: una mano ignota la tracciò dopo la vittoria del primo scudetto del Napoli. (Maggio 1987)

MA LO SANNO LE VOSTRE MAMME CHE SIETE QUI?

Striscione romanista. (Roma-Lazio 1984/85)

BYE BYE NAPOLI

Striscione con cui i laziali "salutano" il Napoli, retrocesso di fresco nella serie cadetta. (Lazio-Udinese 2001/02)

VE FAMO ER PREFISSO

I romanisti agli interisti. Considerando che il prefisso di Milano è 02... il pronostico è servito! (Inter-Roma 2001/02)

SFIGHTERS

Striscione milanista. I Fighters (combattenti) erano all'epoca il gruppo più noto di ultras juventini. I milanisti li chiamano "sfigati" in una sorta di inglese maccheronico. (Milan-Juventus 1985/86)

SEMO TUTTI PARRUCCHIERI

Romanisti a Firenze: la partita fu disputata di lunedì per motivi di ordine pubblico, nella speranza di scoraggiare l'esodo dei tifosi giallorossi, che invece seguirono massicciamente la squadra e si presentarono con questo spiritosissimo striscione. (Fiorentina-Roma 2000/01)

GOBBI: AVETE SBAGLIATO LA STRAMILANO NON È OGGI

Striscione milanista. La Stramilano è una celebre maratona. (Milan-Juventus 1989/90)

VOI COMASCHI, NOI COLLE FEMMINE

Striscione viola che ha fatto epoca. (Fiorentina-Como 1988/89)

Dieci anni dopo i fiorentini insistono:

SEMPRE CO-MASCHI?

TU CHIEVO, IO CHIAVO

Godereccio striscione bolognese. (Chievo-Bologna 2001/02)

C2 COLPITA E AFFONDATA

Striscione viola nel giorno della vittoria del campionato di C2. (Florentia Viola-Savona 2002/03)

CADETE IN B

Striscione parmense in Parma-Brescia 1994/95 di serie A. Nel Brescia giocava il portoghese Cadete.

TERIMPATRIANO

Gioco di parole dei bergamaschi sull'allora allenatore viola, il turco Fatih Terim. (Atalanta-Fiorentina 2000/01)

C'ERA UN GRANTURCO IN UNA SOCIETÀ DI POLLI

I viola in Fiorentina-Bologna rimpiangono Terim. (2000/01)

PAMPERS FRONT

Striscione dei pisani contro l'allora gruppo leader ultrà lucchese, i Panthers Front. (Anni novanta)

VOI AVETE FIGO, NOI LA FIGA

Striscione viola. Tra i tanti campioni della formazione avversaria catalana giocava anche il portoghese Luis Figo. (Barcellona-Fiorentina, Champions League 1999-2000)

PIÙ CHE DA G8 SIETE DA C1

Striscione senese contro i livornesi.

SCOR-REGGIO

Striscione messinese. (Messina-Reggina 2001/02)

SENZA RANCORE, LO DICE ANCHE IL NOME: NOCERA INFERIORE

Striscione cavese. (Cavese-Nocerina, Coppa Italia 1997/98)

SIETE TUTTI FRANCAVILLESI AH AH

Striscione teatino. (Pescara-Chieti 2001/02)

DELLA BISTECCA VI È RIMASTA SOLO LA B

Striscione laziale a seguito della messa al bando della bistecca, in concomitanza con il precipitare della Fiorentina in serie B nella stagione in questione. (Fiorentina-Lazio 2001/02)

ORMAI NON FA PIÙ NOTIZIA: BISCARDI COLLABORATORE DI GIUSTIZIA!

Striscione catanese sull'atteggiamento di Biscardi riguardo ai fatti di Avellino: il giornalista ha più volte ripetuto nomi e cognomi dei ragazzi indagati, anche incensurati, vantandosi di aver contribuito all'arresto di "questi delinquenti"; ha riproposto all'infinito le immagini dei disordini e ha addirittura chiesto al questore di elencare in diretta i precedenti dei fermati. (Catania-Vicenza 2003/04)

LUCCHESE: PORTA ELISA, CHE TI SI TROMBA!

Striscione pisano esposto a Lucca, allo stadio Porta Elisa.

SE ERA UN PIATTO DI PASTASCIUTTA C'ARRIVAVI

Battuta rivolta a un portiere sovrappeso che aveva appena subito un gol.

O CH' CIAI 'L PIEDE MARINO?

A Perugia, dopo un clamoroso gol sbagliato da un attaccante.

I NOSTRI PROGRAMMI? TUTTI A PUTTANE!

La settimana precedente l'incontro la magistratura aveva messo sotto inchiesta alcuni giocatori dell'Inter per aver preso parte a festini erotici in compagnia di prostitute brasiliane. (Gli interisti a Bologna 2000/01)

VI SERVE UNA MONETA?

Striscione cagliaritano rivolto ai napoletani. Fa riferimento a una vittoria a tavolino del Napoli contro l'Atalanta l'anno precedente: il centrocampista azzurro Alemao era stato colpito da una moneta, e quei due punti permisero al Napoli di vincere lo scudetto. In seguito, in un filmato tv, si sentì distintamente la voce del massaggiatore azzurro che invitava Alemao a "stare a terra"... (Cagliari-Napoli 1990/91)

SEMBRAVA WIMBLEDON, GRAZIE

Striscione milanista affisso nel turno post-derby vinto 6-0. (Milan-Fiorentina 2000/01)

SAPETE PERCHÉ LA JUVE NON VA IN TURCHIA? PERCHÉ AI LADRI TAGLIANO LE MANI

Striscione bolognese esposto qualche giorno prima di Galatasaray-Juventus, in pieno caso Ocalan. (Bologna-Juventus 1998/99)

BASTA CON LA VIOLENZA, VIA LA POLIZIA DAGLI STADI

Striscione dei tifosi del Cosenza.

IL TIFO DI OGGI VI È OFFERTO DA FUTURI PREGIUDICATI

Striscione parmense per contestare i nuovi provvedimenti che consentono alla pubblica sicurezza di prolungare la flagranza di reato fino a 36 ore nei confronti di chi commette reati da stadio. (Parma-Lazio 2002/03)

STRISCIONE CON SCRITTA CONSENTITA

Striscione veronese esposto durante una trasferta ad Ascoli, nella stagione 1991/92. In quel periodo era frequente la rimozione degli striscioni che non passavano la "censura" delle forze dell'ordine.

ASCOLANO, GUARDA IL FESTIVAL

Striscione degli anconetani in Torino-Ancona; la partita viene trasmessa in tv e i tifosi dell'Ancona consigliano ai cugini di sintonizzarsi altrove. (Coppa Italia 1993/94)

CRISTO SI È FERMATO AD EBOLI PER NON VEDERE POTENZA

Striscione materano. (Matera-Potenza 2000/01)

SAN LUCA SE BUCA

Silvia lo sai... striscione romanista a Bologna: la curva ospiti si trova ai piedi del santuario del patrono.

IL SANTO DEGLI SCEMI: SAN SEPOLCRO

Striscione della Sangiovannese contro il Sansepolcro.

SIETE COME LA LIRA NON VALETE + NIENTE

(I rosaneri in Palermo-Reggina 2001/02)

...CHE DIO V'ACCONTENTI

Striscione pisano. È la risposta che, negli anni, i pisani hanno cominciato a dare a chi ripete che "è meglio un morto in casa che un pisano all'uscio". (Pisa-Lucchese 2000/01)

RETRO (SEGUE DISEGNO DI TRE CESSI)

Striscione "rebus" dei tifosi dell'Ancona rivolto agli ascolani. (Derby 1994/95)

E ANCHE QUEST'ANNO SEMPRE PEGGIO, A NOI IL TRICOLORE A VOI VIAREGGIO

Striscione milanista con cui vengono sfottuti gli inseguitori juventini. In quella stagione il titolo andò effettivamente ai rossoneri, mentre la Juventus primavera si era aggiudicata il Torneo giovanile di Viareggio. (Juventus-Milan 1993/94)

PER NOI È SEMPRE CARNEVALE

I romanisti a Firenze, 2001/02. Dieci anni prima Andrea Carnevale, all'epoca centravanti giallorosso, fu sospettato di aver fallito volontariamente un gol clamoroso nell'ultima partita della stagione contro l'Udinese, condannando così i viola alla retrocessione in serie B.

MAL COMUNE 1/2 STADIO

Striscione comasco di protesta contro l'amministrazione comunale della città lariana.

ORE 16.00 = SPARUTA PRESENZA
ORE 17.45 = PRESENZA SPARITA;
CIAO CONIGLI

Striscione milanista dedicato al gruppo ultrà piacentino Sparuta Presenza. (Piacenza-Milan 1995/96)

ADDIO E BUON CAMMINO

Striscione laziale diretto contro la Fiorentina. La speranza-augurio di veder finire i viola in B e addirittura in C è degna di Bartezzaghi. (Fiorentina-Lazio 2001/02)

GUEVARA...
UNO CHE FACEVA MAGLIETTE

Striscione palermitano esposto in un incontro con il Livorno. Le due tifoserie in questione sono tra le più connotate e contrapposte politicamente. (Palermo-Livorno 2002/03)

JUVE IN TRASFERTA
CALABRIA DESERTA

(Roma-Juventus 2001/02)

E DI' A CASA CHE QUI MI TRATTANO BENE

Striscione palermitano apparso in una partita contro il Livorno. Sotto questo, c'è lo striscione viola KORPS, trafugato ai legittimi proprietari dai padovani e ceduto poi ai gemellati rosanero. Una piccola finezza: non avendo modo di incontrare direttamente i viola, i palermitani mostrano il "corpo del reato" alla tifoseria livornese, in buoni rapporti con quella viola. (Palermo-Livorno, Coppa Italia 2001/02)

'STA ROMETTA QUANTI ROLEX PE' STA' IN VETTA

Striscione juventino. Si rifà al caso dei Rolex regalati il Natale precedente dalla società romanista ai direttori di gara di serie A. (Juventus-Roma 2001/02)

NOI A PARIGI IN AEREOPLANO VOI CON L'ATM AD APPIANO

Striscione juventino rivolto agli interisti. I bianconeri rimarcano il differente destino dei rispettivi mercoledì, giorno consacrato alle competizioni europee. L'ATM è l'azienda trasporti milanese e Appiano Gentile è la sede dei campi di allenamento dell'Inter.

ONORE AI CAMPIONI... DI INCASSI. VERGOGNA

Striscione dei romanisti contro i propri giocatori all'indomani della polemica-premi seguita alla vittoria della Super Coppa. Alcuni giocatori si erano lamentati della mancata corresponsione di 50 milioni, pur avendone percepiti 800 a testa come premio-scudetto giusto alcuni mesi prima. (Verona-Roma 2001/02)

UNO DI NOI, MILLE DI VOI

Striscione senese rivolto agli avversari del Perugia. Ne hanno ben donde, i senesi, visto che sono presenti appena in una settantina. (Perugia-Siena 1993/94)

CARRARINI TESTE DI MARMO

Striscione parmense. (Parma-Carrarese 1983/84)

PISA PENDE MA NON CADE

Striscione pisano del Doctor Marten's Group.

SE SON ROSE... NBORG FIORIRANNO!

Striscione udinese provocatorio nei confronti del Milan, che era stato eliminato in Coppa proprio dalla squadra norvegese del Rosenborg. (Milan-Udinese 1996/97)

LO SCUDETTO DI GRISÙ NON VE LO DANNO PIÙ

Striscione carrarese in Spezia-Carrarese 2000/01. La squadra dei "Vigili del Fuoco" Spezia otterrà solo l'anno seguente lo scudetto d'onore per il titolo vinto nel torneo 1943/44, disputato sotto i bombardamenti. Grisù è il draghetto pompiere dei cartoni animati.

C1 SIETE

Striscione anconetano in Ancona-Ascoli 1994/95 di serie B. L'Ascoli è nei bassifondi e a fine stagione retrocederà veramente in C1.

C ERAVATE, C SIETE E C RIMARRETE

I pisani, che tra il 1982 e il 1991 hanno militato anche sei anni in serie A, rimarcano ai cugini livornesi che da 32 anni filati marcivano in serie C. (Livorno-Pisa 2001/02)

E ADESSO TELEVIDEO PAGINA 209

Striscione livornese. La partita in questione sancisce il ritorno in serie B del Livorno dopo 33 anni. Questo comporta una sorta di "promozione" anche televisiva: ad esempio, vuol dire il trasferimento delle notizie riguardanti la squadra dalla pagina 214 – dedicata alla serie C1 – alla pagina 209 di televideo. Della serie: piccole ma grandi soddisfazioni... (Livorno-Alzano 5 maggio 2002)

QUELLO SCATTO TI FA ONORE

A ROMA IL CUORE, A BRESCIA LO SCUDETTO: I LOVE CARLETTO

Con questi due striscioni i tifosi del Brescia ringraziano Carlo Mazzone: due settimane prima il focoso allenatore del Brescia, insultato per tutto l'incontro dai bergamaschi, appena raggiunto il pareggio aveva abbandonato la panchina per correre sotto la curva occupata dai sostenitori atalantini, esultando platealmente e offendendoli a sua volta. (Brescia-Chievo 2001/02)

VOI CON LA VASTESE, NOI COL PIACENZA, PAZIENZA

Striscione fanese dedicato ai rivali pesaresi che, nella stessa giornata, erano impegnati contro la Vastese una categoria più sotto. (Fano-Piacenza 1990/91)

SPEZIAMOLI

Striscione livornese antispezzino. (Spezia-Livorno 2000/01)

A QUANN' STANN' L' *COZZ'*?

Striscione campobassese per i tarantini: "Quanto costano le cozze?". (Campobasso-Taranto 2000/01)

SMAMMA LI TURCHI

Striscione romanista esposto in occasione di una partita contro il Galatasaray. (Roma-Galatasaray, Champions League 2001/02)

IL LECCE È UGUALE PER TUTTI

Striscione romanista rivolto agli juventini, realizzato in poche ore ed esposto la sera del derby Lazio-Roma del 29 aprile 2001: nel pomeriggio la Juve aveva sorprendentemente pareggiato col Lecce, vanificando così i propri sforzi per raggiungere la Roma in testa alla classifica; nel 1985/86 il Lecce, vincendo per 3-2 all'Olimpico, aveva fatto perdere alla Roma uno scudetto già vinto, a vantaggio della Juventus.

ENTRATI IN CURVA, ENTRATI NEL CORTEO, OKKIO VI S'ENTRA IN CASA

I pisani ricordano ai rivali alcuni precedenti e minacciano... Nel 1999 la prefettura di La Spezia, per motivi di ordine pubblico, concesse a 2500 tifosi toscani la curva abitualmente occupata dai sostenitori liguri. (Pisa-Spezia 2001/02)

IERI VIOLA OGGI IN BIANCO

Striscione romanista. Si allude alla poco rosea situazione economica della proprietà viola. L'estate seguente la Fiorentina retrocederà e fallirà. (Roma-Fiorentina, Super Coppa 2001)

VOLETE IL SORPASSO? ATTACCATEVI AL CASSO

Striscione romanista rivolto ai tifosi della Juve, che vincendo la sfida avrebbe potuto sorpassare i capitolini. (Roma-Juventus 2001/02)

SCUSATE, NON MI LEGO A QUESTA SCHIERA MORRÒ PECORA NERA

Striscione leccese tratto da *Canzone di notte n. 2* di Guccini.

MEGLIO LIBERI ALL'INFERNO CHE SCHIAVI IN PARADISO

Il Cosenza è appena retrocesso dalla B alla C1. A causa di una gestione dissennata che non può dare le garanzie bancarie sufficienti all'iscrizione in campionato, la società fallisce e il presidente Pagliuso se ne va, con grande gioia dei tifosi, contenti anche di ripartire dall'"inferno" del Campionato Nazionale Dilettanti. (Cosenza-Rossanese 2003/04).

AMBARABACICICOCÒ... LO SPEZIA SUL COMÒ

Striscione spezzino. (Spezia-Como, play off C1 2000/01)

PAY TV: MENO DIRETTE PIÙ PORNO

Goliardico striscione dei tifosi del Lanciano contro il calcio in pay tv. (Giulianova-Lanciano 2001/02)

CONTRO LA TV TUTTI A TV

Striscione pisano contro il calcio in televisione. (Treviso-Pisa 2002/03)

NEL VOSTRO CALCIO CHE AFFONDA SOLO LA NOSTRA FEDE RESTA A GALLA

Striscione issato dai bresciani, con tanto di ciambelle gonfiabili in mano, in occasione di una manifestazione davanti alla sede della Lega Calcio a Milano. (29 agosto 2003)

QUESTO CALCIO CI FA SKY-FO

Striscione mostrato dalla stragrande maggioranza delle tifoserie italiane nella prima giornata della stagione

2003/04. Com'è noto, SKY è la nuova piattaforma digitale che ha accorpato Tele+ e Stream.

COL TRATTORE IN DOPPIA FILA ALLE SOGLIE DEL DUEMILA, COL TRATTORE IN DOPPIA FILA ALLE SOGLIE DEL DUEMILA

Coro dei tifosi del Legnano a quelli del Vercelli ispirato a uno striscione romanista del 1994/95: STAMO QUASI NEL 2000 E C'HAI ER SOMARO 'N DOPPIA FILA!

GRAZIE NERONE

I fiorentini contro i romani. (Fiorentina-Roma 1999/2000)

PIÙ CHE PRENDERE GIOCATORI A BREVE, CI PRENDETE PER IL CULO A LUNGO

Striscione senese. (Siena-Genoa 2001/02)

E DIO DISSE LAZIO!

DAJE CHE È L'ANNO BONO!

Drappi laziali, metà anni novanta. In quel periodo in curva Nord si segue la moda del tifo *british*: le *ends* inglesi – l'equivalente delle nostre curve, perlopiù rettilinee e parallele al terreno di gioco – sono costellate di striscioni molto più piccoli di quelli ai quali siamo abituati in Italia, che creano una sorta di effetto patchwork.
In compenso i laziali si meritarono un paio di striscioni dei cugini che recitavano:

LEVATE QUEI STRACCI CHE SO' ASCIUTTI

CURVA ALL'INGLESE COME PORTA PORTESE

DU' IU SPIK INGLISC? MI NO! SO' VENEXIAN. MEGLIO TERRONI DEL NORD CHE INGLESI... DEL SUD

Striscione veneziano diretto contro i veronesi, che negli

anni novanta si erano "convertiti" al tifo all'inglese. (Verona-Venezia 1995/96)

C'È RIMASTA SOLO LA GNOCCA

Striscione interista. (Inter-Roma 2003/04)

DEL LUPO SOLO IL PELO DEL CONIGLIO TUTTO IL VIZIO

I lupi sono i tifosi dell'Avellino. (Taranto-Avellino 2002/03)

ONORE ALLA TIGRE ARKAN

Striscione laziale esposto il 30 gennaio 2000 dopo la morte del comandante serbo Zeliko Arkan, esecutore della pulizia etnica in Bosnia e amico del giocatore laziale Mihajlovic. Questo striscione suscitò un pandemonio, e la proposta del governo di sospendere le partite in presenza di striscioni scellerati. In realtà i tifosi laziali intendevano ricambiare con questo "omaggio" Sinisa Mihajlovic per aver presenziato al funerale di un ragazzo della curva Nord.

La settimana successiva i senesi celebrarono il loro mediano Arcadio con:

ONORE ALLA TIGRE ARKADIO

e i granata si lanciarono in:

ONORE A GATTO SILVESTRO

mentre i fiorentini conclusero con:

ONORE ARKAZZO

I LOVE LIVERPOOL

L'Italia è anche il paese del "tifo contro". Questo striscione laziale del 1984 inneggia alla squadra che conquisterà la Coppa dei Campioni nella finale contro la Roma di lì a pochi giorni.

NOI SIAMO A LAVORARE... MA VOI COMINCIATE PURE

Striscione bresciano che polemizza sull'orario (pomeridiano) e il giorno (mercoledì) della partita. (Brescia-Fiorentina, Coppa Italia 2000/01)

GUALDO... MA UN TI VEDO

Striscione viola. (Gualdo Tadino-Florentia Viola 2002/03)

Nord chiama Sud

VESUVIO FACCI SOGNARE

I veronesi a Napoli. (Anni ottanta)

GIULIETTA SI 'NA ZOCCOLA!

Risposta dei napoletani nella partita di ritorno. Ha fatto epoca e generato infinite varianti.

SCUDETTO SUDATO? NO. VISTO E TAROCCATO

Striscione juventino. (Juventus-Napoli 2000/01)

BOSSI: L'UNICA SECESSIONE È QUELLA... DAL MILAN

Striscione interista. (Inter-Perugia 1996/97)

MA A ROMA QUANDO VENITE?

Striscione romanista. Questa domanda è stata poi rivolta agli avversari, in versione coro, da tutte le tifoserie italiane nel corso degli anni. (Inter-Roma 1987/88)

GARIBALDI INFAMONE

Striscione milanista. (Milan-Napoli 1993/94)

SE NAPOLI È LA TERRA DEL SOLE, MEGLIO LA NEBBIA

DAI QUARTIERI SPAGNOLI AI CAMPI FLEGREI VESUVIO REGALACI UN'ALTRA POMPEI

Striscioni milanisti. (Milan-Napoli 1991/92)

BENVENUTI IN ITALIA

Striscione veronese rivolto ai napoletani. (Verona-Napoli 1985/86) È notevole che lo stesso striscione sia stato esposto anche dagli udinesi in Udinese-Triestina 1990/91.

FORZA ETNA

Striscione veronese esposto in un Catania-Verona giocato mentre il vulcano era in attività.

RESISTETE CHE PIOVE

I viola accusano i rivali di trascurare un po' l'igiene personale... (Fiorentina-Napoli 1991/92)

BERGAMO E MILANO SOTTO L'IMPERO ROMANO

Striscione romanista. (Atalanta-Roma 1995/96)

MILANO IN FIAMME? E VOI DOVE ANDATE A LAVORARE?

Striscione milanista di risposta al coro napoletano: UN SOLO GRIDO UN SOLO ALLARME, MILANO IN FIAMME! (Milan-Napoli 1991/92)

REMATE A FARE IN CULO

Striscione palermitano. (Palermo-Venezia 2002/03)

Autoironici

JE SUIS TERRUN

Striscione dei tifosi della Fidelis Andria.

PREVEDO PAREGGIO

Striscione premonitore affisso dai tifosi baresi all'inizio di Andria-Bari (1992/93). La partita è terminata davvero 0-0...

COME SI SCRIVE CEMPIONS LIG?

Delizioso striscione dei tifosi del Chievo che cominciavano a sognare l'accesso alla Champions League, riservato alle prime quattro squadre classificate in campionato. (Chievo-Inter 2001/02)

PRIMA DI SCIOPERARE PROVATE A LAVORARE

Striscione atalantino esposto in occasione di un'annunciata protesta dei giocatori professionisti, con tanto di sciopero di categoria. (Atalanta-Inter 2000/01)

GIOCHIAMO IN CASA

Autoironico striscione dei tifosi bresciani in Palermo-Brescia 1995/96, partita nella quale, data anche la distanza, la folla dei sostenitori lombardi non era certo oceanica.

PERUGIA STIAMO ARRIVANDO

Striscione aretino esposto nell'ultima partita casalinga di serie B, che sanciva la definitiva retrocessione dell'Arezzo in C1, dove l'anno seguente avrebbe incontrato appunto il Perugia.

CHIUSO PER DIGNITÀ

Malinconico striscione interista durante uno sciopero della tifoseria nel corso dell'ennesima stagione fallimentare dei nerazzurri. (Inter-Parma 1998/99)

A NOI LA B HA ROTTO LE PALLE. A VOI?

I tifosi doriani incitano la propria società e squadra a riguadagnare al più presto la serie A. (Sampdoria-Crotone 2000/01)

MAI STATI IN B

Striscione dei tifosi del Fano, che ha sempre militato nelle serie minori.

LA MERDA IN CONFRONTO A VOI È UN SOSPIRO DI SOLLIEVO

I veneziani contro i loro giocatori. (Venezia-Udinese 2001/02)

CI FAI PALPITARE... MA CI PIACI COSÌ

Striscione nocerino. (Nocerina-Albanova 1994/95)

COSMICO RAGAZZI!

Striscione autoironico dei milanisti la domenica successiva a Milan-Juventus 1-6. (1996/97)

21/08/93 WASHINGTON SE PERDIAMO NOI ESULTIAMO

Striscione milanista esposto nell'amichevole ferragostana Milan-Real Madrid, contro la decisione della società milanese di far giocare la finale di Super Coppa italiana tra Milan e Torino addirittura a Washington. Non sarà un caso isolato di tournée calcistica: abbiamo di recente assistito a un Parma-Juventus a Tripoli.

PERUZZI APPOGGIATE AR PALO

Ultima di campionato, l'Inter va a Roma e deve vincere per aggiudicarsi lo scudetto. La Juve è a Udine e la Roma è a Torino. I tifosi della Lazio – gemellati con gli interisti in chiave antiromanista e antijuventina – "chiedono" al proprio portiere di farsi una domenica di relax... (Lazio-Inter 5 maggio 2002)

DIFFIDÀTI DALLE MOGLI

Striscione dei tifosi siracusani in Alcamo-Siracusa, spareggio per la D. *"Perché perché, la domenica mi lasci sempre sola..."*

PER FAVORE AGGREDITECI

Provocatorio striscione viola. (Juventus-Fiorentina 2000/01)

VAI A RITIRARE L'INVALIDITÀ

Battuta indirizzata alla punta Alfredo Aglietti a Verona dai suoi stessi tifosi. (1999/2000)

PAGA DA PROFESSIONISTI GRINTA DA PENSIONATI

Striscione siracusano. (Siracusa-Rossanese 2002/03)

CI STATE PRENDENDO PER LE CHIAPPARA

Rassegnato striscione empolese. Roberto Chiappara era un giocatore dell'Empoli. (Empoli-Udinese 1998/99)

FARZI INVALIDI

Striscione storico livornese.

11 SALMONI

Striscione di protesta dei veronesi nei confronti dei loro giocatori. (Perugia-Verona 1994/95)

Buon appetito

TARIBO MANGIALI

Taribo West era un terzino interista di origine nigeriana, autore di alcune entrate da codice penale. Circolava voce che West fosse addirittura cannibale. (Inter-Milan, fine anni novanta)

CECCHI GORI MÀGNATE TUTTO

Striscione romanista. (Roma-Fiorentina, finale di Super Coppa 2001)

IL PARMIGIANO LO GRATTUGIAMO

Striscione modenese.

CARIE PER CHI MANGIA PALUANI

Scritta su un muro a Verona. Il proprietario della Paluani è il presidente del Chievo Verona. Facile immaginare che l'autore della scritta sia un fan dell'Hellas.

FOSSA DEI PANDORINI

Striscione autoironico dei tifosi del Chievo. (Chievo-Hellas Verona 2001/02)

FOSSA DEI BEONI

Striscione lucchese. Variante etilica della più celebre Fossa dei Leoni milanista. (Anni novanta)

MAGNO, BEO E TIFO CEO

(Chievo-Sampdoria 2003/04)

RANIERI SÌ: MA LA SORBETTERIA

Striscione viola contro il proprio trainer Claudio Ranieri. (1996/97)

I DON'T WANT MINERAL WATER

Drappo laziale in onore di Paul Gaiscogne, mezzala inglese, genio e sregolatezza – specialmente etilica – della Lazio di quell'epoca. (1993)

LO CHEF CONSIGLIA: CONIGLIO ALLE SPEZIE

Striscione dei tifosi dell'Arezzo. (Arezzo-Spezia, spareggio play off C1, 1999/2000)

SCUDETTO SÌ MA... VALLESPLUGA

Striscione juventino. Vallespluga, nota marca di galletti amburghesi, ha come marchio uno scudetto rosso. (Inter-Juventus 1988/89)

ARANCIA MECCANICA? E NOI CI FACCIAMO UNA SPREMUTA!

Striscione cesenate che prende di mira il gruppo Arancia Meccanica, per anni leader in curva Filadelfia, quella del tifo juventino, il cui nome e logo si rifanno al celeberrimo film di Kubrick. (Cesena-Juventus 1988/89)

LOCATELLI FA LE COSE PER BENE

I tifosi bolognesi citano uno slogan pubblicitario per inneggiare al loro idolo Tomas Locatelli.

CARECA LAMBADA, MARADONA LOMBATA

Striscione laziale. Antonio Careca era un fortissimo centravanti brasiliano del Napoli. (Lazio-Napoli 1989/90)

IL VERO CACCIUCCO È BUITONI

Striscione pisano contro i livornesi. Siamo al vilipendio puro!... Si rivendica la qualità superiore della versione confezionata della tipica zuppa di pesce livornese rispetto all'originale. (Livorno-Pisa 1999/2000)

AIA UN VERO NOME DA POLLI

Striscione dei tifosi del Chievo rivolto all'AIA – Associazione Italiana Arbitri – che, guarda caso, è anche una nota marca di polli. (Chievo-Lecce 2001/02)

I TEMPI DEI BACI SONO FINITI, PER VOI SOLO BANANE

Striscione perugino rivolto ai tifosi salernitani, rei di aver rotto il gemellaggio tra le due curve. La coreografia annessa consisteva in una gigantesca riproduzione della banana di cioccolata Perugina; nello striscione, la parola "baci" era scritta coi tipici caratteri tipografici dei cioccolatini.

MEGLIO JU CASTRATO CHE JU PESCE AVARIATU

Striscione aquilano di stampo culinario rivolto ai pescaresi, che, per estensione, come tante altre tifoserie di città marine, sono considerati tutti pesciaioli. (L'Aquila-Pescara)

MANGIAPANE A TRADIMENTO

Striscione dei tifosi del Sora contro i propri giocatori. (Sora-Avellino 2001/02)

PER SALVARCI ABBIAMO PANE, NON CI SERVE FARINA

Il messaggio si riferisce alla sentenza che penalizzava di due punti l'Empoli per un presunto tentativo di corruzione dell'arbitro Farina di Novi Ligure prima di Sampdoria-Empoli. L'arbitro si rifiutò di dirigere l'incontro per motivi di opportunità e denunciò i fatti. Alessandro Pane era un giocatore empolese. (Empoli-Perugia 1998/99)

Striscioni da Oscar

CAFONI SI NASCE E TU LO NASCESTI

I salernitani contro l'Avellino. Da Totò, indimenticabile: "Signori si nasce, e io, modestamente, lo nacqui...". (1995/96)

SIETE SOLO ULTRÀ DA CINECITTÀ

I milanisti contro i romanisti. Lo striscione si riferisce al film *Ultrà*, storia di un gruppo di tifosi della Roma in trasferta a Torino. La pellicola, interpretata dal tifoso giallorosso Claudio Amendola, ha suscitato parecchie critiche nel mondo ultrà.

VITTORIO LA FIORENTINA NON È IL BORGOROSSO

Si fa riferimento al film *Il presidente del Borgorosso Foot-*

ball Club, in cui Alberto Sordi eredita la squadra di calcio di un paesino romagnolo. (Fiorentina-Reggina 1999/2000)

GIORGI SÌ, MA ELEONORA

Striscione dei tifosi viola contro il proprio allenatore Bruno Giorgi. (1989/90)

MA QUANTO COSTANO LE BANANE A PALERMO?

NON CI SOMIGLIATE X NIENTE

Striscioni viola contro il Palermo. I tifosi citano il Benigni di *Johnny Stecchino*. (Fiorentina-Palermo 1993/94)

TERIBBBILE!!

Striscione laziale. Citazione del film a episodi *Fratelli d'Italia,* in cui Massimo Boldi interpreta uno sfegatato tifoso del Milan, in viaggio per assistere a Roma-Milan, che chiede un passaggio a due ultras romanisti, il cui tormentone è per l'appunto "teribbile". (Roma-Lazio 1993/94)

NOI RUSSELL CROWE, VOI AMENDOLA

Striscione laziale che rivendica la supremazia dello spessore dei cosiddetti tifosi vip: Russell Crowe, ospite in tribuna in occasione di un derby, si era dichiarato simpatizzante della Lazio. (Roma-Lazio 2001/02)

VOLA AL CINEMA CON MARLON BRANDAO

Striscione milanista. L'Inter, che era stata eliminata al primo turno in Coppa Uefa (e dunque poteva approfittare degli sconti al cinema di mercoledì), in quella stagione aveva nelle sue file il brasiliano Marlon Brandao. (Inter-Milan 1991/92)

RUUD C'ERAVAMO TANTO AMATI

Striscione milanista dedicato all'ex idolo Ruud Gullit (il riferimento è all'omonimo film di Scola del 1974). L'olandese, dopo cinque anni di trionfi sotto la madonnina, era passato quell'anno alla Samp e "ripagò" la sua ex squadra segnando il gol del 3-2 nell'incontro di andata ed esultando smodatamente. (Milan-Sampdoria 1993/94)

VITTORIO FACCIA DI PICA...ZZO

Striscione appartenente al filone infinito delle lamentele viola nei confronti di Cecchi Gori. Si gioca col titolo del film *Faccia di Picasso*, del comico Massimo Ceccherini. Ironia della sorte, la pellicola è prodotta da Cecchi Gori e il titolo l'ha scelto proprio lui. (Fiorentina-Perugia 2000/01)

BOLOGNESE DONNIE BRASCO

Striscione romanista. Nell'omonimo film del 1997 un agente dell'FBI riesce a infiltrarsi in un clan mafioso e, dopo aver stretto amicizia col capoclan, denuncia tutti. I romanisti si riferiscono a una presunta delazione dei tifosi bolognesi. (Roma-Bologna 2002/03)

GRUPPO ORONZO CANÀ

Striscione veneziano. Oronzo Canà è il nome del personaggio di Lino Banfi nel film *L'allenatore nel pallone*. B-movie italiano del 1984, molto amato dai tifosi di tutta Italia, narra le vicissitudini di un allenatore chiamato a guidare una squadra neopromossa in serie A. Cammei d'eccezione per Liedholm, Pruzzo, Graziani, Ancelotti, tutti nella parte di... se stessi. Il personaggio di Banfi si rifà al vulcanico allenatore anni sessanta – pugliese anche lui – Oronzo Pugliese, detto "il mago di Turi".

Due aste

SE
LIMA
GNAMO

Due aste romanista in onore del proprio giocatore brasiliano Lima. (Roma-Torino 2001/02)

IRINA
TI
INVIDIO

Irina è la moglie di Gabriel Batistuta e il due aste romanista in questione era abitualmente sorretto da due tifose. (2000/01)

MASTUR
BATI

Due aste romanista. Bati è ineluttabilmente Batistuta... (2000/01)

– 26: CI VOLE LE 'ATENE

Due aste livornese. Traduzione: "Ci vogliono le catene". Il Livorno si presentò in quel derby con ben 26 punti di vantaggio sul Pisa. (Pisa-Livorno 2001/02)

EIACU
LAZIO

Due aste laziale in latino maccheronico.

ANNATEVELO
APPIAH

Due aste romanista. Il ghanese Appiah era un giocatore del Brescia. (Brescia-Roma 2002/03)

COME GODO
CON
3
ZEGUET

Due aste juventino dedicato a David Trezeguet. (Milan-Juventus 2001/02)

CON CHIESA
E IL PAPA
È UN SIENA
DA DIO

Due aste senese su Enrico Chiesa e Giuseppe Papadopulo, rispettivamente attaccante e allenatore dei bianconeri. (2003/04)

OGGI
PATÉ DI
OLIVE

Due aste interista su Renato Olive, mediano del Bologna. (Bologna-Inter 2000/01)

VADO IN CULO A RAISATTE

Due aste pisano comparso in occasione di partite trasmesse su Raisat Sport in posticipo. Ribadisce una trasversale tendenza ultrà: il rifiuto di seguire la propria squadra in pay tv a beneficio della trasferta fisica. (2002/03)

GOD SAVE RINO

Due aste livornese di sapore *british* dedicato al proprio giocatore Davide Saverino. (2001/02)

OTTAVO COLLE

Due aste laziale. Ovvio: se i tifosi sono il dodicesimo uomo in campo, possono essere tranquillamente l'ottavo colle di Roma! (Milan-Lazio 2002/03)

PREMIO SCUDETTO: ANNA FALCHI

Due aste bolognese. (2001/02)

CHE DIO LIMA LEDICA

Due aste romanista. Sempre Lima al centro del gioco di parole. (Inter-Roma 2001/02)

LE SOLITE FAVE

Due aste viola a Parma. (Finale di Coppa Italia 2000/01)

RUI GRATTUGIALI

Così i viola incitano il loro numero 10 Rui Costa prima della sfida contro i... parmigiani. (Fiorentina-Parma, finale di Coppa Italia 2000/01)

KAKÀ
TEVI
SOTTO

Due aste milanista in onore del neorossonero brasiliano Kakà. (2003/04)

IRR...
ICUCIBILI

Due aste romanista. È il giorno dello scudetto 2001, scucito appunto alla Lazio. Gli Irriducibili sono il principale gruppo ultrà laziale e il vessillo è completato da uno scudetto tratteggiato come per essere ritagliato.

IN TRASFERTA
STRINGO I DENTI
CON I SOLDI
DEI PARENTI

Due aste parmense. (Piacenza-Parma 2001/02)

...E CI PUZZANO I PIEDI

Due aste genoano.

MEGLIO CIUCCO CHE CACCIUCCO

Due aste comasco. (Como-Livorno, finale play off C1 2000/01)

SIAMO BELLI

Due aste livornese.

GNOCCHI BIRRA E LAZIO ...E TE PARE POCO

Due aste laziale.

SIENA, TOPA E ROCK 'N ROLL

Due aste senese. (2003/04)

MI SENTO PÒO BENE

Due aste pistoiese.

SE IL VINO FOSSE ORO FAREI L'OREFICE

Due aste pistoiese.

2-0 COME IL CACIO SUL MACCARONE

Due aste pistoiese esposto nella gara contro l'Empoli, di cui Maccarone era attaccante. Per la cronaca, il risultato fu 2-0, ma per l'Empoli...

W LA MERDA

Due aste varesotto.

'UN
CE
N'È

Due aste pisano.

DEL VECCHIO
MOSTRACE
L'ORECCHIO

Due aste romanista. Il giocatore giallorosso Marco Del Vecchio, dopo aver siglato un gol, ha l'abitudine di andare verso i tifosi mettendosi la mano attorno all'orecchio, a significare che vuol udirne meglio il boato.

GRAPPA
E
VINCI

Due aste romanista.

...COME? ...COSA? RUBEN SOSA!

Due aste laziale per l'uruguagio Ruben Sosa, *puntero* biancazzurro. (Fine anni ottanta)

PUTTANVIERI

Due aste bolognese che prende di mira gli interisti. La settimana precedente la partita la procura di Milano aveva messo sotto inchiesta alcuni giocatori dell'Inter per aver preso parte a festini erotici. (Bologna-Inter 2000-01)

CE L'EMO GROSSO

I perugini nella stagione 2001/02.

SAMUEL THE WALL

Due aste romanista dedicato al difensore Walter Samuel, "il muro".

VIVAS LA FIGAS

Due aste interista dedicato, ma non troppo, al difensore Nelson Vivas.

NUN SCAPPATE CHE È PEGGIO

Due aste romanista.

SCUSA ZIDANE, MA L'AMORE È CECO

Così fu accolto dalla Juventus Pavel Nedved.

C'È BARUFFA NELL'ARIA

Due aste bresciano che prende a prestito lo slogan di un profumo.

MEGLIO SCALZO CHE GNUDO

Due aste senese dedicato al proprio giocatore Christian Scalzo.

NON VE NESTA CHE PIAGNE

I milanisti pungono sul vivo i laziali sul trasferimento della loro bandiera al Milan. (Lazio-Milan 2002/03)

A VOI COPPE E DENARI A NOI SPADE E BASTONI

I reggiani contro il Parma, squadra molto più titolata della rivale.

Saluti finali...

CIAO SCUGNIZZI CI VEDIAMO

I cagliaritani a Salerno. (2002/03)

CIAO ETRUSCHI

I romanisti ai laziali.

ARRIVEDERCI AL 2017

I cosentini a Salerno. (1990/91)

CIAO DOPATI

Gli interisti a Parma. (1988/89)

A' ZOZZI

I napoletani ai laziali.

CIAO 'NVIDIOSI

I laziali ai romanisti.

ZITTI PLEBEI

I laziali ai romanisti.

SALUTATECI LA C

Un grande classico...

CE VEDEMO DE FORI

Gli anconetani ad Ascoli. (1993/94)

CE VEDEMO AL RITORNO

(Ancona-Notts County 1993/94)

POTETE SOLO BACIARCI IL CULO

I milanisti si rivolgono ai cugini dal piedistallo dell'incredibile *en plein* di coppe dell'anno precedente. (Inter-Milan 1989/90)

NAPOLETANI SCHIFEZZE

(Inter-Napoli 1988/89)

SALUTI DA TRONDHEIM

Gli juventini al Milan, che aveva appena perso a Trondheim col Rosenborg in Coppa dei Campioni. (1996/97)

SQUADRA E TIFOSI SIETE PENOSI

I milanisti agli interisti. (1996/97)

PUTTANA LA TERNANA

(Salernitana-Ternana 2000/01)

CHE DIO VE FURMINI

I romanisti ai laziali. (1991/92)

QUESTO NON È UN ARRIVEDERCI È UN ADDIO

Sampdoria-Messina, ultima partita casalinga della stagione 2002/03: la Sampdoria è promossa in A, gli acerrimi nemici del Genoa sono retrocessi in C. Convinti di aver scavato un solco invalicabile tra sé e i "cugini", i doriani così sentenziano. Ma di lì a poco un discusso decreto ripescherà i rossoblù in serie B. Mai dire mai.

A questo punto diciamo che anch'io non so bene come salutarvi... Un bel *grazie* e un caro vecchio *ciao* possono bastare?

Thanks:

Una "ola" per Alessandra Aggravi che mi sopporta.

Un coro "grazie ragazzi" ad Andrea Avato, Elisa Batino, Claudio Beneforti, Paolo Bianchi e la su' mamma, Giovanni Bondi, Massimo Catastini, Sergio Colabona, Pardo Fornaciari, Niki Giustini, David Guetta, Maurizio Leopardi, Riccardo Masci, Paolo Migone, Maurizio Nicita, Massimo Sandrelli, Walter Santillo, Maria Grazia Schiavina, Michele Tardioli, Giuseppe Tavanti, e al negozio Gama Sport di Chianciano Terme.

Un "olè" per Angela Lombardo che, striscione oggi striscione domani, ho convinto ad andare allo stadio per la prima volta in vita sua.

Un pensiero a quelli che per la propria squadra del cuore hanno dato la vita e segnatamente a Maurizio Alberti, Celestino Colombi, Antonino Currò, Antonio De Falchi, Sergio Ercolano, Nazareno Filippini, Marco Fonghessi, Stefano Furlan, Salvatore Moschella, Vincenzo Paparelli, Vincenzo Plaitano, Vincenzo Claudio Spagnolo, i 39 dell'Heysel.

INDICE

Stampa Grafica Sipiel – Milano, aprile 2004